觀念的形狀

張曦 著

72件文物，
「看得見」的中國哲學

獻給我的女兒不謾

推薦序

陳茻（與點堂創辦人、體制外國文教師）

撰寫一部中國哲學、思想史，曾是很多大學者的夢想。這件事聽起來很合理，本來研究一個領域久了，必然會在鑽研各個問題時，因著不同思考線之間相互的碰撞，進而刺激我們重新反思一些整體性的問題。

讀古代中國作品，如果扣合著時代來展開思路，很容易就會去追問究竟中國思想的特色是什麼？各個朝代的特色是什麼？這群人與那群人又在意著什麼？

對於未曾踏足學界的人來說，有個問題並不被看見：當前的學術界也講求「業績」，每個研究者需要產出足夠的論文，才不算是尸位素餐、才有價值。多年以前，我曾聽老一輩的教授抱怨過這件事：人說十年磨一劍，但現在學界似乎催促著我們趕忙拿著半成品在眾人面前展示，拚命趕路，但不知道趕去哪裡。

在這樣的氛圍與風氣之下，當然還是有許多傑出的研究誕生，然而，學術更加精緻化的分工卻是一個不可逆的趨勢。一個學者在挑選研究問題時，必然會用盡力氣去找那些「前人沒發現的」、

「沒人研究過的」材料或角度來下手，每個研究者各據山頭，努力開拓屬於自己的「獵場」，而如果研究上必須踏入「他人」的領域，可能還必須在各種意義上「拜碼頭」，避免對「前輩」不敬。學者在研究領域上找出自己的市場特色，這是現代社會的趨勢，倒也無可厚非。人人在此雖不至於裂土封疆，但逐漸壁壘分明的「學術分工」，無形中卻形成了另一個問題：

這是一個無法誕生「通才」的時代。

過去讀書時，我的老師輩早已感嘆過哲人已遠，人說多才多思藝不精，專精一藝可成名，學界如是，世界亦如是。然而，「博雅貫通」，這莫不也是一種「藝」嗎？

《觀念的形狀》一書，或許正適合回應這些課題。

確實，在這個時代要重新「鳥瞰」中國思想是不容易的，至少必須面對兩個問題：

其一、中國哲學、思想史的經典太多，儘管學者總會對這些前輩的著作有意見，但輪到自己要來寫一部，那真是談何容易。

其二、在學術分工越趨精緻的時代，要如何對各自的領域都不只是「略懂一二」，而能進一步掌握其「精髓」？

《觀念的形狀》在處理方式上確實有讓人耳目一新之處。張教授選擇以「文物」展開對中國思想脈絡的描述，他稱之為一種戲劇的搬演。這樣的寫法結合了學術領域對材料的理性態度，以及傳統中國的文學評註與審美。現代學術要求嚴謹，論證需客觀、有憑有據；傳統中國文人在面對前人作品時，主流上更傾向於以點評的、零散的方式來抒發己見。對於追求現代科學精神的人來說，可能會認為這些過時的方式沒辦法組織化，是需要被揚棄的。然而，對中國文化有深刻認識與反思的人，也許更能體會其中三昧。

結合兩者不容易，需要開創性的眼光與手法。張教授稱之為一幕幕戲劇的搬演，這是其獨到之處，值得讀者細細品味。

中國的學術自由一直受人質疑，讀中國研究，有時難免察覺到一股若有似無的歌功頌德感。對比於西方的漢學研究，沒有這些「包袱」，似乎更能顛覆傳統，提出不一樣的見解。

然而，有時全面「質疑」的態度，確實能夠點出許多過去不被注意的問題，但一樣產生了盲點。

譬如有西方學者認為《詩經》中歌頌文王、周人祖先的詩作成於西周晚期，產生原因是對民族衰敗的焦慮。然而，這個質疑固然新穎，卻同時忽略了一種可能：我們確實在許多民族研究上發現，一個家族在壯大之後，會更需要歌頌先祖、編修族譜，以確立自我的價值與定位。

《觀念的形狀》一書則採取了傳統觀點，認為這些詩作起源於西周初年，並將之放入書中脈絡，探討周人如何合理化統治的問題。這樣的觀點差異，仔細玩味起來非常有意思。這些在傳統觀點上延伸的現代目光，也總能提醒我們「全面質疑」不是唯一通往現代的道路。

最後，我想跟讀者分享的是，這些「文物」固然是本書特色，但讀到末尾，我也才意識到這些文物終究只是「媒介」。如果這本書的核心是莊子的那條魚，那這些文物無疑就是那個抓魚用的「筌」。一般讀者初讀此書，可以好好感受這些文物的細節，而若有時間整本細讀，有些體悟是需要沉澱的。

文物也好、戲劇也罷，無非是希望透過一個新的方式重新討論中國。觀念的「形狀」，在我讀來有多重含義，是文物的形狀，也是那些思想的形狀，更是試圖「形狀」那些複雜歷史、思想、文化的過程。

目錄

第一部分

祖先和我們

一座盛酒的西周青銅禮器，用銘刻在底座上的 12 行122 個古老漢字，講述了一段三千多年前的故事……

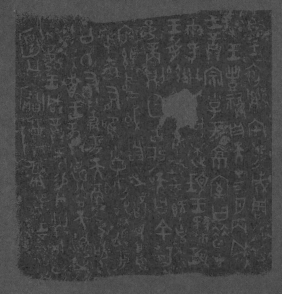

1-1 何尊（西周）

寶雞青銅器博物院藏

何尊（圖1-1），一座盛酒的西周青銅禮器，用銘刻在底座上的十二行一二二個古老漢字，講述了一段三千多年前的故事。

大約在西元前一〇三八年四月的一天，一位名叫「何」的年輕人，隨同其他宗室子弟一起，在首都王宮受到周成王接見。成王告訴他們，由於自己的祖父文王受了「天命」，所以父親武王才戰勝了商王，從而有機會向「天」莊嚴宣告：「宅茲中國，自茲乂民。」[1]

這是漢字組合「中國」的最早來源。它的原意是：在「中央之地」定居，從那裡治理天下的萬民。

武王所說的「中央之地」，並不是一個指示方位的自然地理概念。它是貿易、礦產、運輸、資訊網路的中心，是政治和軍事實力的中心，是王朝血脈祭祀和傳承的中心。[2]

非要以哲學的方式表達，我們就可以說，「中央之地」是一張「存在之網」的中心，無數相互依存的人將自己的生命和生活牢牢掛在上面。

武王克商之後的三千年中，「中央之地」的自然地理位置和規模尺度不斷變動，但「使華夏民族的所居之地成為天下的中心」，這個念頭卻從來不曾消散。

在時光的熔爐裡，「宅茲中國」不再是姬姓氏族內部傳承的囑託與教誨，而早已化作中華民族的集體意識和共同信念，成為我們與祖先跨越時空的約定。

埋藏

我們的祖先製作器物，最初的目的，是為了生產和生活的便利。中國國家博物館藏有三件舊石器時代的石錘和石砧，就是這樣的生活器，它們距今已逾四十二萬年之久（圖1-2）。但我們的祖先並未止步於器物的適用性，他們的思想不斷發展，情感日益複雜，知識、信仰、理念在頭腦中日益累積。最終，他們借助自己靈巧的雙手，將各種各樣的物質材料，改造成了文化和精神的載體。我們的祖先無比珍視這些器物，視其為寶物，就連死後也不捨與之分割。這些承載了他們複雜情感和思緒的物質寄託，被埋入地下，許多個世紀後，成為了博物館裡的「文物」。

世界上沒有第二個文明，像古代中國文明那樣，熱衷於在地下世界埋藏如此眾多的寶物。歷朝歷代的王公貴族，不僅將無數構思繁複、製作精巧、耗資驚人的人工製品埋藏於祖先或者自己的安息之地中，甚至也一度熱衷於將活人活物作為葬品。凡夫俗子同樣概莫能外。只要還有一絲財務負擔能力，他們也會樂此不疲營建規模略小的墳墓。[3] 無論貧富貴賤，古代中國人都嚮往著「葬品自由」。

從目前的考古發現來看，屬於我們祖先的最早陪葬品，二〇一九年才發現。它埋藏於浙江寧波上山文化遺址的一座墓葬中，是一件紅衣彩陶，距今不到九千年（圖1-3）。

1-2 石錘和石砧（舊石器時代）

中國國家博物館藏

從上山文化這件孤零零的紅衣彩陶，到一個更加複雜龐大的地下「葬品世界」的出現，要再等上四、五千年。直到「文明」像「滿天星斗」一樣，在我們所熟悉的這片中華土地上誕生、裂變、撞擊、融合。[4]

山西襄汾陶寺村的土地上，就曾生長過這樣一個文明。已發掘出的遺存中，不僅有宮殿、王陵、城牆、貴族墓、禮制建築，甚至還有一座堪稱全球最古老的觀象臺。這些都說明，一個強大的普遍王權曾在陶寺人群中存在，它組織生產、營造宮室、興修水利、征戰殺伐，並且維繫王權之下那個複雜社會的貧富差距。

在陶寺這個文明化了的複雜社會中，大部分人註定要替小部分人無休無止地勞作。正是依靠著等級化分工和奴役性勞作，陶寺社會才形成了經濟學家所說的「社會剩餘」。小部分人在享受閒暇和優雅的同時，無意間也將隱藏在人類精神世界深處的無窮奇妙潛力，以藝術、宗教和哲學的形式表達出來。文化最終被凝結成繁複多樣的人工器物。

享受著「社會剩餘」的陶寺貴族並不吝於炫耀。出土的貴族大墓中，隨葬品動輒一兩百件。不僅數量十分驚人，而且材質和器型也很豐

目前考古發現的屬於我們祖先的最早陪葬品，希冀死者在身後世界得享幸福

1-3 **橋頭遺址出土墓葬及陪葬品紅衣彩陶**
（上山文化中晚期）

富。漆木、陶、玉、石、銅廣泛使用；灶、罐、壺、瓶、盆、盤、豆乃至鼎和觚等等都可見。除此之外，還有中國最早的石製特磬、最早的鼉魚皮鼉鼓、最早的複合範銅鈴。援引考古學家的觀點，「後來商周貴族使用的禮樂器，有不少在陶寺都邑已經現身」。[5] 這是中華「禮樂之邦」的雛形。

但埋藏行為並非沒有代價，陶寺人的付出就相當不菲。器物的掩埋，本質上就是人力的掩埋。日益龐大複雜的隨葬品，顯示出陶寺貴族對如何安頓死後生活頗感不安。在這種不安的驅動下，陶寺的地下世界像一個無情的抽水泵，吸走一代代陶寺底層勞作者的時間和體力，使它們消耗於無形，卻不給半點回報。

蛋殼黑陶高柄杯精美、脆弱而易碎，所耗人力工時可想而知。究竟是什麼信念，驅動了古代中國人以非凡決心將它們埋藏起來？

1-4 **蛋殼黑陶高柄杯**
（龍山文化）

中國國家博物館藏

也許是貴族對人力的無盡消耗將那群生產「社會剩餘」的人逼得走投無路，西元前兩千年左右，一場血腥風暴終於在陶寺掀起。源於仇恨的殘虐凶殺現場，令四千年後的子孫挖掘時都仍感心悸。某種無名的強大力量明顯故意搗毀了眾多貴族墓地，隨葬品連同故人的遺骸被肆意拋棄。從此，陶寺的地下再也沒有埋進精美的器物。又過了百餘年，這個文明徹底在歷史中消失。

陶寺貴族並不是唯一的埋葬愛好者。略早些的龍山人也曾製作出不可思議的蛋殼黑陶高柄杯（圖1-4），所耗人力工時更是可想而知，但隨葬掩埋的時候也毫不手軟。至於後來的二里頭文明和二里崗文明，隨葬品規模越來越驚人。到了殷墟晚商文明，婦好墓裡出土的，竟然是成組成套的大型青銅器、象牙器、玉石器。製作這些器物中的任何一件，都需要成百上千人有組織、有計劃、有目的地勞作許多時日。

那麼，究竟是什麼信念，驅動了古代中國人，以非凡決心將這些凝聚著無窮人力的器物埋藏起來？合理的推測只有一個：那就是他們一定相信，對於生活於幽暗地下世界的故人來說，這些器物同樣重要。

因為逝者將成為活人的神靈。

祖先

祖先是故去的先人。可是，故去的先人又是什麼？是精靈，是神仙，還是煙散寂滅的不存在？他們住在天上，住在地下，還是早已化作萬法世界外的空無？

成為祖先的道路是一條單行線，沒人能從那裡活著回來。所以，這些問題永遠無法獲得確切的答案。但古代中國人並未因此放棄思考。他們依靠充沛的想像力，將對人性的恐懼與期待、幻滅與希望，統統投射進想像性的答案中。

迄今為止的考古除了偶爾發現陶瓷碎片上的「類文字」（圖1-5），還沒有看到商代以前確鑿的文字材料。因此，儘管有像上山紅衣彩陶和龍山蛋殼黑陶這樣顯然凝結了複雜思想的器物，但只要缺乏同時期文字材料佐證，我們對它們的感知和理解就始終只能停留在推測階段。

今天能夠看到的最早漢字，描刻在動物的甲骨上。商王就曾經透過這些甲骨與祖先溝通：每當遇到困惑，商王就會讓「貞人」燒灼甲骨；甲骨上產生裂痕後，「卜人」再對其加以釋讀，然後做出預言；之後，預言被描刻到這塊甲骨上，成為「卜辭」；最後歸檔以備日後查詢。[6]

從眾多流傳下來的甲骨卜辭記載來看，商人所想像的神靈世界相當擁擠，是一個多神論的三層結構。第一層是「天神」，其中至高的神稱為「帝」。帝像人王一樣，有自己的辦事機構「帝廷」。帝的臣工們在此掌管日月星辰、風雷雨電、冰霜雪露等一切自然現象。第二層是「地示」，主要是一些精靈般的存在，遊蕩在山川林澤、四方百物之中。第三層是「人鬼」，也就是故去的祖先。[7]「天神、地示、人鬼」的三層神靈世界

1-5 帶「類文字」的扁壺殘件
（陶寺文化）

臨汾市博物館藏

結構，自商代形成後就穩定了下來，一直到春秋時期也沒變。

商王極其痴迷祭祀。中國國家博物館有一塊「甲骨之王」（圖1-6），它可能取材於已經滅絕的動物聖水牛的肩胛骨，正反兩面刻滿了卜辭，記錄了商王武丁在兩個月之內四次占問神靈「十日之內是否有災禍」的事情。卜辭中甚至還記錄了甲骨占卜的完整流程，即便在原藏主羅振玉先生的三萬多片甲骨中，也屬極為罕見的精品。

隨著時間的發展，不確定性也多了起來。因此，商王的祭祀需求不僅沒有降低，甚至還日益高

商王極其癡迷於占卜，無論是國家征戰還是牙疼，都要燒個甲骨，諮詢祖先的意見

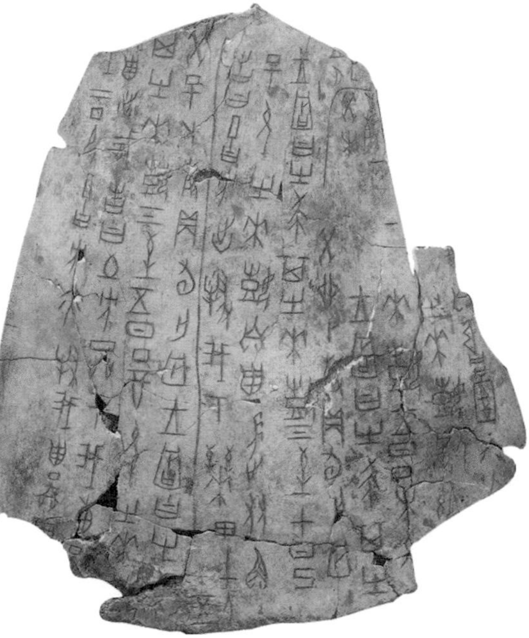

1-6 土方征塗朱卜骨刻辭
（商）

中國國家博物館藏

漲，以至到了晚商時期發展出了「周祭」。一年之內周而復始、日日不斷。祭祀的對象大部分時候是祖先神靈，偶爾也包括天神、地示。無論大事還是小事，商王不厭其煩地想與神靈取得聯繫。從自己為什麼牙疼，到關乎國家安全的祀戎大事，都要問一問祖先。他們相信，故去的祖先會透過甲骨裂痕，將神靈世界的祕密悄悄告訴自己。

商代祭祀方式主要有伐鼓（鄉）、舞羽（翌）、獻酒肉（祭）、獻黍稷（嘗）、合歷代祖先並祭也就是大合祭（罾）五種。[8]從中可以看出，商人觀念中的神靈不僅有聽覺、聽得見鼓聲，有視覺、看得到舞蹈，而且有味覺、能夠品味酒肉黍稷。[9]和活著的商王一樣，祖先在神靈世界中依然保持著充分的感受力。

祖先不僅可感，而且有情，生活在一個複雜的人情環境裡。這一點我們從商人對待至高神「帝」的態度就可見一斑。殷商卜辭研究早已發現，酷愛祭祀的商人，卻「沒有祭祀上帝的卜辭」。[10]這是為什麼？

因為在商人的眼中，難以揣度的帝，可能法力過於強大，所以不能由人直接聯繫。[11]一旦遇到求取風調雨順、國家福佑之類的事情，商王必須透過祭祀，先聯繫上自己的祖先，然後經由祖先的管道去「說情」，才能間接把意思轉達給帝。這就是卜辭「賓」的含義。

後世也有賓禮。但如《周禮．春官．大宗伯》所示，周代以後，賓禮主要指的是四方諸侯或其遣使覲見周天子的禮節。殷商卜辭所說的「賓」，指的卻是祖先在神靈世界裡彼此做客，或者祖先到帝那裡去做客的意思。

由此可見，做客是一種特權。大地之上的萬民中，只有商王的祖先和早期商王的重臣，才有資格死了以後在帝的身邊做客，接受帝的命令。[12]正因為擁有在帝的身邊做客的資格，商王統治才有了來源於神靈世界的合法性基礎。

雖然祖先是聯通無所不能的帝的唯一通道，但商人竟然也沒有將自己與祖先的關係想得太過樂觀。一絲懷疑和敵意也悄悄埋伏在卜辭中。商人覺得，離自己越遠的先公高祖（也包括遠古時代就已存在的山川精靈），越有可能賜予活人福佑；而離自己越近的先王先妣和故舊重臣，則越有可能搞怪作祟。所以，大事要詢問遠祖，小事則麻煩近祖。求風調盼雨順，祭祀遙遠的先祖應該不會有錯；而牙疼不順時，燒個龜甲問問先王先妣就十分必要。在這種觀念映照下，魯文公藉口「新鬼大，故鬼小」，將他的父親僖公的排位插到先君閔公的前面（《左傳·文公二年》），確實就有點兒「觀念發明」的意思了。

透過對卜辭的統計學研究，「先公高祖」和「先王先妣」的劃分界線，大約在商王上甲那裡。[13]也有學者認為，統計結論未必描述的是精確實情，商王上甲在商人心目中不一定就是祖先慈祥與猙獰的分水嶺。[14]但商人眼中的祖先，既可能降福，也可能作祟，這一點是得到公認的。

這種對祖先的奇怪認識，導致商人在面對他們時，態度有些微妙。明面上，由於缺乏直接的溝通管道，所以商人需要祖先施以援手，到帝的面前代勞做客說情，但暗地裡，商人又疑心祖先是作祟的根源，覺得他們頑固暴躁、心意莫測，所以必須在某種程度上加以控制和約束。這種既要利用、又要防範的態度，在祭祀的實踐中發展為哄騙和安撫「兩手都要硬」的做法。

哄騙就要諂媚。事無巨細地占卜祈禱，反覆徵求祖先對生民世界的意見；源源不斷供奉好聽的鼓聲、好看的舞蹈和好吃好聞的酒肉黍稷；[15]將成組成套精美絕倫的青銅酒禮器（圖1-7）或隨葬於地下，或擺放於宗廟深處，供祖先在看不見的地方凝視、品聞、享用。所有這些，都屬於諂媚之道。

有時候，諂媚甚至能達到「貼心」的程度。比如說，某些擺放於宗廟的重要青銅禮器，會隨新故商王一起下葬。原因就在於，在商人的想法中，新故商王即使到了神靈世界，依然需要祭祀（諂媚）自己的祖先。

安撫自然也不能少。最好的安撫之道，當然就是在頻繁舉行的祭祀中，不斷勸說祖先盡可能變得優秀稱職。為此，祭祀的頻率固然重要，效率也很關鍵。因為，祖先實在太多，不可能花時間逐一說服。如何才能使勸說工作進展順利呢？就是前面提到的「賓」的觀念。或許是原始的血緣親疏意識帶給商人終極靈感，他們想像出一套按熟悉度排序的祭祀行動原則。[16]

在商人眼中，「祖先」既可能降福，也可能作祟，必須用好吃的、好看的、好聽的去哄騙他們。商代青銅器有著濃厚的「酒」風格，這件青銅鴞尊即爲一件貓頭鷹狀酒器

1-7 婦好青銅鴞
（商）

中國國家博物館藏

先是生王舉行祭祀，勸說自己最熟悉的已故血親。這是生民世界與神靈世界的溝通。下一步則完全發生在神靈世界內部。被說服了的先王先妣會進一步去自己的血親先人那兒做客（賓），努力說服他們。這樣，勸誘的工作就像多米諾骨牌一樣，在神靈世界中一級一級地觸發，直到帝本尊為止。商人希望透過這樣的遊說，提醒各級祖先認識到「自己已經成神」，從而端正舉止，變得更加受控、溫和、關切後代、有利生者。[17]

商人將祖先想像得專斷、衝動、任性而難以理喻，同時卻試圖以原始性的狡黠去跟想像中的他們打交道。西周以後中國人對待祖先的那種親和與虔敬，在商人的複雜態度中實在顯得有點兒罕見。

其實，如何思考和想像祖先，並不會暴露祖先在神靈世界的處境，但卻反映出生者自己心靈的狀況。商人的不安體現出他們面對未知時的恐懼、疑慮與擔憂，以及人際關係中的機會主義態度。一種更溫和的想像祖先的方式，還要等上很久才會出現。到那時，中華民族的第一縷哲學之光也會綻放。

巫師

在商周時期特別是周初之前，中國人的思維世界還不太區分神話與真實。或者更準確地說，我們今天看來屬於神話元素的東西，在我們祖先的眼裡，其實就是世界的真實樣子。對商周人來說，世界的實在結構包含了凡人生活的生民世界和祖先棲息的神靈世界。因此，與祖先所在的神靈世界取得溝通雖然不易，但絕非不可能。全部的困難只是在於如何找到從生民世界通往神靈世界的技術手段。

兩千五百多年前的一天，楚昭王正在讀《尚書・周書》。他遇到了一個難題，於是求教自己博學的大臣觀射父：為什麼《周書》中提到顓頊的兩位大臣重、黎，做了「使天地不通」這件事？

觀射父告訴楚昭王，上古時代有一種人，他們精明能幹、中正專一、心無雜念、智慧通達、明鑑如神。他們就是巫師。巫師職業性別友好，區別只有名稱，女的叫「巫」，男的叫「覡」。真正的巫師擁有一種特殊能力，就是藉由舉辦莊嚴神聖的祭祀儀式，使神靈下附到他們身上。靠著巫師這個神靈與凡人的仲介，上古時期的生民和眾神就可以保持各自的生活方式，分居在兩個互不干擾的世界中。一切都井然有序，不至於混亂。

但是到了少皞時代，可能是南方野蠻人（南方九黎）趁著中原衰亂帶來了什麼新的通用技術，竟然使人人都擁有了巫師的能力。他們隨意降神，導致生民與神靈的關係娛樂化，變得很不嚴肅。民眾因此失去敬畏之心，「夫人作享，家為巫史，無有要質」。神靈由於受到不必要的干擾，甚至常常被褻瀆冒犯，所以也不再賜予生民福佑。世界秩序因而被顛覆破壞。重、黎實施「絕地天通」政策，就是要重歸上古正道，恢復生民與神靈世界的各自秩序和健康關係。

楚昭王的提問，其實還有一層困惑：「絕地天通」，是不是就意味著凡人不能再像以前那樣登天了？觀射父明確給予否認。原來，「絕地天通」政策終止的是凡人隨意召喚神靈的行為，卻並不影響「真正的巫師」繼續作為生民世界和神靈世界的中間人。實際上，重、黎「絕地天通」的目的，恰恰就是「讓專業的人做專業的事」。

楚莊王與觀射父的這場對話，記錄在《國語・楚語》中，也是中國古代文獻所記錄最早也最重要的、有關上古「巫覡」的訊息。但從器物上看，也許巫覡文化最早可以追溯到仰韶文化時期。陝

西灞橋半坡遺址出土的人面魚紋彩陶盆上畫了張人臉，其雙耳側都有魚紋樣（圖1-8）。張光直先生就曾援引瑪麗蓮．傅的觀點，認為這個形象應和號稱「巫覡之書」的《山海經》所記「珥兩蛇」之說，因此判斷畫的是巫覡的形象。[18]

不管這個推測的合理性有多大，有一點明確無疑，那就是從新石器時代的陶器到商周青銅器，以至於更晚時期，動物形象都一直是中國古代藝術品的重要母題。與原始文化中對自然動物的簡單再現表現形式不同，商代以後的青銅器表面經常使用一些十分誇誕的獸面紋。由於《呂氏春秋．先識覽》中有「周鼎著饕餮」的明確說法，所以宋代以後經常將獸面紋統稱為「饕餮紋」。但實際上，商周青銅器動物形象品目繁多，花樣迭出，可以約略概括為兩類。一類是自然界可見的動物，如牛、羊、豬、虎、熊、馬、兔、蟬、魚、龜、蟾蜍等等。另一類則是神話動物，常見的有饕餮、肥遺、夔龍、虯四種。[19]

不管是自然動物還是神話動物，出現在商周青銅禮器上的原因，並非由於當時的人都是環保主義者，酷愛動物。起碼商代晚期以前的動物形象經常面目猙獰、令人敬畏，毫無可愛之處。對動物溫和而充滿欣喜感的表現，要到比較晚

巫師是上古時代擁有知識的精英，是生民世界與神靈世界的中間人

1-8 人面魚紋彩陶盆
（仰紹文化）

中國國家博物館藏

的時候才會出現在青銅器上。等到春秋時期，動物形象不僅生動活潑，還妙趣橫生，非常萌。比如說製作於春秋早期的水器「子仲姜盤」，盤內安排有三十一個水生動物，其中十一個使用了圓雕技術，可在盤底旋轉，彷彿動物們在水中自在游弋（圖1-9）。

從商到春秋，青銅器上動物形象的萌化，當然離不開美術工藝和表現技術的突破，但起決定性作用的，是製器人對待動物的看法發生了改變。正是這一點，對於我們理解上古巫師這個職業至關重要。

商周青銅器上的動物，擔負著一個重要而特殊的工作，就是在祭祀的時候，要幫助巫師「登天」。[20]我們甚至可以說，祭祀中所使用到的幾乎所有動物實體（即「犧牲」）或形象，發揮的都是「交通工具」這一功能，搭載巫師穿梭於生民世界和神靈世界之間。

動物之所以是巫師登天的幫手，源於「薩滿術」這種人類原始的精神感受方式。我們在此要注意區分「薩滿教」和「薩滿術」。「薩滿教」指的是一種起源於西伯利亞地區的宗教形式；「薩滿術」指的則是原始人類借助酒精、音樂、麻醉劑等技術手段，獲得某種幻覺性體驗（包括幻視、幻

1-9 子仲姜盤（春秋早期）

上海博物館藏

此時的青銅器上，動物形象不再如之前那般面目猙獰，而是生動活潑，妙趣橫生

想、幻聽等等），以至於他們自認為已經進入神界。如宗教學家伊利亞德所表明的，「薩滿術」是普遍的原始人類精神現象。[21]

所以，供奉於祖廟的青銅器上的動物紋樣，並非只有裝飾意義。相反，改變時空就能將它們啟動。當然，具體技術只有真正的巫師才能掌握。巫師宣稱，當生民世界與神靈世界之間的聯通門在薩滿術的想像中打開時，自己會駕駛著這些神奇動物去往祖先所在的地方。

為了達到薩滿術的致幻效果，除了擊打出能夠蠱惑意識的音樂，巫師還會在祭祀儀式上飲用很多酒。出土商代青銅禮器群中比例驚人的酒器就說明了這一點。此外，他們也可能會攝入諸如迷幻蘑菇的自然致幻劑。如果所有這一切還不能保證巫師完成想像中的飛升，沒關係，將動物幫助自己登天的動感姿態描刻在青銅器上。

虎食人卣（圖1-10），一種青銅酒器，造型十分奇特。一頭虎口銜人頭，人則緊緊抱著虎，動態感十足。過去很長一段時間，人們認為這具青銅器的含義是虎在吃人，並且據此給它起了器名。但認真觀察不難發現，人頭的面部表情從容淡然，並沒有流露一絲慌亂。鑑於整具卣傑出的製作工藝，顯然不能說這是因為製器人沒有能力表達將死之人的情緒。「虎食人」的說法恐怕站不住腳。

類似於虎食人卣這樣的動物頭夾人頭造型，在商周青銅器中並非特例。我們所熟悉的后母戊大方鼎鼎耳處的「兩獸口夾一人頭」造型，就是另外一個著名的例子。它們到底是在表達什麼意思？按照張光直先生給出的非凡解釋，[22]所有這種獸口夾人頭的圖形，其實都不是在表現「食人」主題，而是動物們正張開大口，噓氣成風，幫助巫覡飛升登天。因此，那顆鎮定淡然的頭，屬於一位正要御氣遠行的巫師。

巫師駕馭著神奇動物，奔波於生民與神靈世界之間。有的時候，商王這位全國最大的巫師會親自出面，去哄騙、安撫自己的祖先。詭譎之處在於，每當巫師或商王宣告自己從神靈世界帶回了有關如何治理生民世界的命令，他們實際上不僅在頭腦的幻想中打通了兩個世界的交通線，還無意間透露出一個至關重要的祕密，那就是：神靈關心生民事務。許久之後，當最後一個商王——紂王日益失去治理國家的能力時，一個根植於這一祕密之上的新觀念悄然崛起。

虎口銜人頭，這是在表現「食人」的主題嗎？爲什麼他的表情如此從容鎮定、坦然享受？

1-10「**虎食人**」**卣**（商）

日本泉屋博物館藏

天命

商人經常舉行祭祀，透過祖先遊說帝。但是他們並不知道帝究竟住在哪裡。在他們的觀念中，神靈世界既無處不在，又居無定所，而自己的祖先則與其他眾多神靈混住雜居。這是一幅「人—祖—神」界限極為模糊的世界圖景。

「人—祖—神」的混居想像，不僅僅是商人薩滿式精神生活方式的後果，在當時還具有實際政治意義。這種混居是排他性的。有資格參與其中的「祖先」，並非一般的「人鬼」，而是先公先祖、先王先妣、股肱重臣這樣的已故大貴族。於是，從神靈世界的「帝廷」到生民世界的「王廷」，帝的命令只有一條傳達通道。能夠承接住帝命的，只有王廷的主人：商王。

西元前一〇四六年，一個甲子日的清晨，木星到達天空的正南方。商紂王帝辛在牧野之戰失敗後自殺身亡。商人的王廷不復存在，他們的祖廟也失去了國家事務中心的地位。周人將這件事記錄在檀公簋上（圖1-11）。[23]

在近六百年的有效統治中，商人依靠先發優勢，確立起許多觀念，特別是至關重要的「人—祖—神」觀念。周建立後，這些觀念繼續作為生民世界的意識基調，幫助他們理解世界和自身。但這種文化惰性，很快就使初掌權柄的周人面臨巨大的政權合法性危機。

毫無疑問，商人觀念中的祖先指的是自己的子姓祖先。但是，姓姬的周人接管政權後，難道陪伴在帝身邊的依然是那些子姓祖先？難道周王承接神靈世界的帝命，依然要靠子姓祖先的仲介？果真如此的話，與周人沒有血緣關係的子姓祖先憑什麼要眷顧姬姓子孫？更重要的是，順著這個邏輯，廣大殷商遺老自然要問，既然帝廷的狀況一切如初，那麼生民世界為什麼不能再給子姓氏族一個機會，而非要讓那些在神靈面前顯得來路不明的姬姓氏族承接帝的授權？

在這些問題的刺激下，武王去世後，帝辛的兒子武庚率領殷商遺老發動了一場叛亂。儘管叛亂本身並不成功，很快就被鎮壓，但這也使周人充分認識到，不對這些問題有個說法，周王是沒有辦法執政下去的。

周人想出了兩個辦法。

第一個辦法是接續商人構造的「人—祖—神」混居式神話，想辦法在帝廷裡塞進自己的姬姓祖先。《詩經》記載了周人在這方面的努力。比如，《大雅．文王》直接將周文王巫師化，取代了商

簋上的銘文，記錄了商朝的最後一天。從此，商人的王廷不復存在

1-11 檀公簋（西周）及銘文拓片

中國國家博物館藏

王祖先，宣布文王輔佐在帝的左右，升降往來，穿梭於人神之間。[24]

在《魯頌．閟宮》這首《詩經》中最長的詩裡，周人則費盡心思，構造了一個從源頭到有周四百年間「傳承有序」的姬姓宗譜，將周人的始祖追溯到姜嫄和後稷母子。

根據這首詩，姜嫄原本無子，但經常祈禱祭祀。有一天在郊野，姜嫄看到帝的腳印，就踩了上去，於是懷孕，生下後稷。後稷出生時，異象頻繁，連他的生物學父親「帝」都受到驚擾。姜嫄感到害怕，扔掉了後稷。可是後稷畢竟血統高貴，所以始終受到牛羊鳥獸庇護，性命無虞。稍微長大一點，他又立即顯露出自帶的農業開發本領，種瓜得瓜、種豆得豆，很快就繁衍出家族，成為姬姓始祖。不僅如此，後稷還發明了姬氏祭祀法，讓帝感到十分滿意。

在這個「起源神話」中，我們看到了一幅商人想都想不出來的神靈世界模樣。在商人的子姓祖先陪伴帝於帝廷的同一個時間線上，一個隱蔽的時空裡，周人的姬姓祖先正悄悄完成他們自己的祭祀，並且同樣讓帝感到滿意，從而為幾百年後帝改變心意、王權更替埋下了伏筆。

這個擴充帝廷規模的解題思路看似有效，實則漏洞百出。其中最關鍵的是，如果帝在接受子姓祖先陪伴的同時，還祕密接受了姬姓祖先的陪伴，那麼誰知道帝的身邊還埋藏著多少個自負且充滿野心的祭祀家族？如果隨時可能有新的家族站出來，宣稱自己也是帝在生民世界的血脈延伸，周人的江山豈不是更加難以坐穩？

也許正是深刻洞察到這些困難，周人很快就放棄了這個思路。他們極有天賦地想到第二個辦法。這就是重新詮釋「人—祖—神」關係，重構生民世界與神靈世界的聯絡方式。為此，周人發明了「天」的觀念，代替商代的「帝」觀念。[25]

以今天的眼光來看，商周之間的衝突，本質上只是同一文明內部不同地域族群之間的鬥爭，並不是「文明的衝突」。周人長期居住在「大邑商」的西邊，雖然擁有自己的亞文化，但對「大邑商」的都市文化其實更加渴慕，所以很樂意採取商人的習俗，模仿商人的生活方式。藝術史學家透過考察先周時期的藝術品，發現周人在克商之前的幾十年內，已經大量模仿吸收了晚商青銅禮器形制，將其簡化後融入自己的陶製禮器組合中。[26]

然而，對當事雙方來說，這場衝突的性質卻實在令他們感到困惑，甚至有些難以理解。司馬遷在《史記．周本紀》中，極為生動地記載了武王克商後的心理狀況。彼時，號稱蒙帝眷顧、強大而威猛的商王，竟然在周人的進攻中轟然崩潰、自焚身死。速度之快令武王都深受刺激，不禁感慨萬分、驚訝不已。武王既不能理解商的失敗，也不能理解周人勝利的深意。於是他輾轉反側，夜不能寐。[27] 由於缺乏先進的歷史哲學工具，這些困惑還不能在很高的理論水準上獲得解決，但武王已經充分意識到，周人有必要向所有人表明，自己推翻商王統治的行為為什麼合乎情理，以及新政權究竟該以什麼樣的原則來施政。

武王已經沒有時間完成這項重任。克商後兩年他就去世了。重任交到了千古流芳的賢能忠臣周公旦的手中。經過平定武庚叛亂這樣的插曲後，坐穩了江山的攝政大臣周公決定發布一篇誥文，全面回應那些妄圖復辟的潛在政敵。在《尚書．多士》中，周公以成王的名義告訴殷商遺民：我們小小一個周國，之所以敢幹出挑戰「大邑商」的事，並且最終取得勝利，並不只是因為我們本事很大，更是因為我們奉了上天的意旨。你們之所以遭受亡國大禍，完全是因為時運不好。[28]

那些長期沉浸在「帝命所託」光環中沾沾自喜的殷商遺老，第一次聽到有人說自己「時運不好」，第一反應想必是萬分錯愕的。但周人為了摧毀商人心理優勢而發布的誅心誡命還在繼續：上天之所以改變心意，將曾經託付給商人的命令重新託付給周人，根本原因就是因為你們酗酒無度，衝撞了上天。

飲酒無度，舉止悖戾，從而得罪於帝，導致時運遷移，天命變化，重新託付給帝更滿意的周。這是周人經過深思熟慮後給出的有關商政權滅亡原因的說法。大量西周早期青銅禮器，包括本章開頭提到的何尊銘文，以及周康王時期所製大盂鼎（圖1-12）上的二二六個字，反覆訴說著周人概括出

鼎內226字的銘文，反覆訴說著周人概括出的歷史經驗

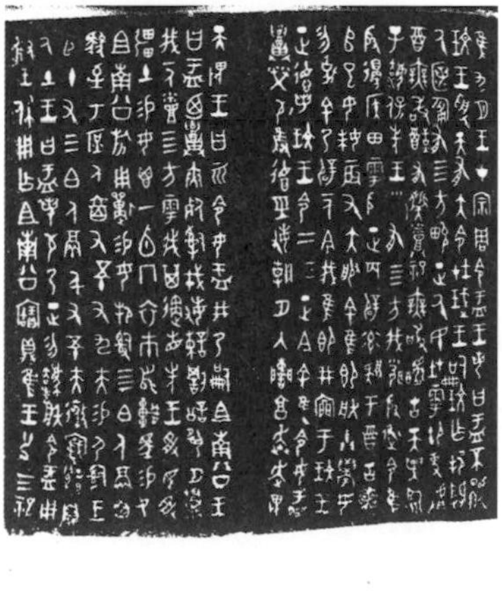

1-12 **大盂鼎**（西周）及銘文拓片

中國國家博物館

的這條歷史經驗。[29] 大概因為商人飲酒無度導致丟失政權的教訓太過深刻，西周祭祀用的青銅器組合，也從「酒器風格」切換為「食器風格」。

周人說自己是因為敬奉天命而伐商成功的，這個說法在當時實屬新奇。特別是，周人所說的「天命」概念中，其實包含了商人的帝命概念所沒有的要素，那就是「天命靡常」。[30] 對於商人來說，帝命存在移易的問題，他們從來就沒想過。但對於周人來說，天命如果不能移易，那麼打破舊世界、建立新政權的行動就無法理解，姬姓政權替代子姓政權就沒有正當性。所以，對於周人來說，天命不僅可能「靡常」，而且必須「靡常」。

「天命靡常」觀念賦予了統治權以活動性。但這只是周人自我正當性解釋的第一步。更進一步、也更加重要的一步是，要解釋「靡常」的天命為什麼此刻就應當握在周人的手裡，而不應流落到殷商遺民或者別的氏族身上？

早在武王伐殷的時候，周人就舉起了「民意」的大旗。克商勝利後，政治家周公的傑出智慧就表現在，儘管商人努力將子姓統治權與帝命捆綁在一起，但周人非但沒有將「民意」擺在帝命的對立面，沒有喊出「我命由我不由帝」這種逞匹夫之勇的空話，反而創造性地將帝命與具體統治者相剝離，將其重新與「民意」融合到一起，創造出以「民意」為基礎的「天命」觀念。周人想說的是，民意就是天命。

商人在想像的帝廷中領取神靈命令時無意透露了神靈關心人間的祕密。現在，這個祕密被周人轉化為了革命行動正當性的根據。《尚書．泰誓》喊出了振聾發聵的那句話：「天視自我民視，天聽自我民聽。」天也好，帝也罷，都只會按民意來發布命令。從此，一個不僅關心生民世界，而且以生民世界的福祉為統治權力授命根據的「天」，取代了商人的「帝」，出現在中國人的觀念譜系

中。

伴隨著「天」和「天命」概念一起出現的，還有「德」的觀念。就周人確立起的天命觀念來說，「命」和「德」可以說是同一件事的兩個側面。假如說「天」是因為人王愛民如子，而將在地上為王的天命授予他們；那麼，人王如果想要「得」到「天」的授命，自然也就必須擁有按照民意施政的能力和品質。《說文解字》說「德者，得也」。所以，人王要想從「天」那裡「得」到天命，自己就必須首先成為有「德」之君。

這樣，藉由建構起這一套「無常、惟德、在民」的天命觀，周人將商人的「人—祖—神」觀念改造得面目全非。[31]現在，聯通生民世界和神靈世界的關鍵，不再是巫師的穿梭，不再是對祖先神的諂媚勸誘，也不再是雄偉青銅禮器上等待飛翔的神奇動物，而是內在於凡人之王身上的某種稟賦。王朝承受「天意」的唯一依據，就是君王必須展現在億兆黎民面前的高貴品德。一切都得民意說了算。

哲學

西方文明從蒙昧向啟蒙的過渡，有一個重要的宗教觀念條件，就是所謂的意志論上帝觀向理性化上帝觀的轉變。

世界是上帝所造的，這是基督宗教的底層信條。但造世之後，上帝與其所造的世界究竟保持著什麼樣的關係？

意志論上帝觀認為，造世之後，上帝繼續干預世界，從而產生各種奇跡。理性化上帝觀則認為，上帝不僅創造江河湖海日月星辰山川大地，而且也設定萬物必須遵從的物理法則，造世完成後，上帝就不再干預他的作品，任由世界按照他所創造的物理法則運行。

意志論的上帝隨心所欲，其智慧不在人的預測和認知的範圍內。但理性化的上帝，更像一個嚴謹的物理學家，將世界打造得如同一台精巧至極的機器。只要人能發現物理世界的規律，也就可以在某種程度上認識上帝智慧的奧祕。

在此意義上，西方現代文明的源頭是一場立足於宗教觀念革命之上的物理學革命。與之相比，周人發明的「無常、惟德、在民」的天命觀，則可以說是一場倫理學革命。

從殷商卜辭不難看出，商人所想像的世界，「人─祖─神」混居，到處彌漫著神祕的氣息。從商王的身體狀況，到國家的祀戎大事，祖先和神靈都可能任意武斷干涉。這非常類似意志論上帝觀。周人改造這一觀念的重要手段，就是使替代帝的「天」不再任性。

周人不是無神論者，大部分時候，他們仍然要依靠神話世界觀來理解周遭的一切。但和商人的帝不同，周人想像中的天，不再是一個武斷的至上君王，而是一位根據「品德」和「民意」兩項指標來給人間統治者打分考核、決定是否授予下一個聘期的首席人力資源專家。

作為天命在人間的最高代理人，周王不再需要像商王那樣整天小心揣度神靈老闆易變難測的心意。他只需將全部注意力轉移到涵養品德、遵從民意上，不斷努力提升人間事務的倫理品質。

周人將商人眼中令人畏懼的至高神，改造成了一個理性平和的倫理問題專家。

除了將「人─祖─神」關係倫理化，周人也將更加複雜的現實生民世界加以倫理化，以達到長治久安的目的。他們建造了諸侯朝覲之所「明堂」，用以「明諸侯尊卑」，[32]創設了影響深遠的繁複「禮樂制度」，將人群按「君臣父子」名分分等，將王土按嫡庶功勳加以分封。用王國維先生在

《殷周制度論》中的話說，周人建立了一個將天子、諸侯、卿、大夫、士、庶民既糅合在一起，又加以區別的「道德之團體」。最終，在周王統治的世界中，出現了一個高度倫理化的宗法封建制社會。

正是這套禮樂制度，為一種更加理性化、更加人文主義的文化形態的誕生，提供了直接條件。

周公制禮樂後，時間很快過去五個世紀。繼位第五年的某一天，魯昭公到晉國訪問。整個訪問中昭公都表現得彬彬有禮，迎來送往，沒有任何失誤。訪問結束後，主人晉平公很感慨，覺得這位來自「禮樂之邦」的客人很懂「禮」，但大臣叔侯卻不以為然。叔侯說，魯昭公那一套最多只能叫「儀」。「禮」的根本乃是保國安民，可魯國已經千瘡百孔、內憂外患。魯昭公只注重舉手投足的華麗得體，以「儀」當「禮」，像個繡花枕頭，實在是捨本逐末。

《左傳．昭公五年》記載的這則故事，可以說是禮樂制度發展到春秋時期的典型情況。禮樂制度的初衷，原本是上承天命，下載民意，「經國家，定社稷，序民人，利後嗣」（《左傳．隱公十一年》）。但是，對日益強大的春秋封建諸侯來說，這些早已統統被拋之腦後。禮樂制度的內涵被抽空，僅僅剩下外觀上的儀式。此時，周王室勉強作為方圓不足六百里的一方小國象徵性存在，而諸侯早已各掌大權、逐鹿中原。對於周王室，他們完全不放在眼裡。

不僅「禮」的本質被忘記，而且就算對於僅剩的「儀」，僭越行為也經常發生。這背後，是諸侯毫不掩藏的代周之心。這些僭越不僅包括楚王向周天子使者王孫滿窺探象徵天命的寶鼎大小輕重的事情（《左傳．宣公三年》），也包括諸侯在重大儀式場合競相使用天子禮。比如，考古學家一九八六年在陝西鳳翔發現，秦景公墓就使用了按規定當時只有周天子才能用的「黃腸題湊」槨具。

魯昭公訪晉的那一年，生活在尼山腳下的孔子才十四歲。也許是由於生活條件的孤獨困苦和家世出身的難以言說，幼年孔子在建立「身分認同」方面有著比一般人強得多的心理需要。他熱愛擺放豆俎等禮器，模仿祭祀活動中大人的樣子行禮，將此作為遊戲。他自幼就熱愛禮樂文化，將其視為社會人事運作的理想模式。長大後，他認清了現實，憤怒地將自己所生活的時代斥為「禮壞樂崩」（《論語．陽貨》）。作為對朽敗現實的回應，孔子開始了一項偉大事業：重建禮樂制度。

春秋時代任何一個有文化的人都能看出，禮壞樂崩的原因在於諸侯毫不掩藏的不臣之心。但孔子第一個認為，重建禮樂制度能夠矯正迷失已久的衰亂人心。改變人心，尤其是改變握有權柄的君王之心，是孔子孜孜以求的事業目標。

這項事業分為行動和思想兩個部分。

行動部分無疑相當失敗。也許是跟握有實權的人打交道的方式有問題，也許是因為能言善辯過於鋒芒畢露，也許僅僅是因為品德高尚的人本就不該在春秋

《史記》中記載的孔子向老子問禮的故事，是漢代磚畫中一個熱門主題。據說，在這次會晤結束時，老子勸告孔子不要捲入言辭的是非爭辯之中，而孔子則評價老子「氣度如龍」

1-13 孔子見老子磚畫拓片

原磚藏山東嘉祥武梁祠

政壇參與角力，總之，孔子完全低估了人心的複雜。他略顯天真地周遊列國，試圖給諸侯做思想教育工作。一生不僅毫無君臣際遇的幸運，而且顛沛流離，惶惶如喪家之犬。掌握人間權柄的權貴，無人真心打算接受孔子的教導。即便偶爾有一些人稍顯興趣，往往還沒來得及進一步接觸，就被君主左右的既得利益者讒言阻攔。

但思想部分卻異常成功。孔子發現了一種理解禮樂制度的全新方式。這種新的理解方式，標誌著「哲學」這一嶄新文化形態在古代中國思想世界正式登場。在漢代畫像磚中一再出現的敘事母題「孔子見老子」，在某種意義上，就是對這一偉大文明時刻的反覆強調（圖1-13）。

在孔子看來，「禮」與「儀」相脫離，根本原因在於禮樂制度的本源被遺忘。孔子教導說，「禮」並不是孤立無依的儀式集合，而是人心內部某種感受的外部顯現。人所行的「禮」，本質上是內在於人心的宗教、道德和審美感受的外在表達。所以，彬彬有「禮」的人間秩序，其實就是均衡平和的心靈秩序在世界中的顯現。因此，「禮」的源頭和根據，在人心的內部。

切換到人心的角度來看，如果人在面對世間時，始終能讓內心保持均衡平和的狀態，那麼他的人格就能達到「仁」的境界。「仁」這個概念本身並非孔子發明，《詩經》中就已出現，但將「仁」用以指稱心靈所達到的某種至善至美狀態，卻是孔子的發明。

對孔子而言，「仁」不是某種美德。它是所有美德比例均衡地同時出現在一個人的身上後，他的內心所能產生的一種精神氛圍。擁有仁心的人，在同他人、萬物打交道時，不會發生任何偏差，自然而然地就會達到「禮」的要求。

在孔子看來，萬事萬物都有各自的理想狀態，這就是「道」。但人心一旦失控，「人而不仁」，萬事萬物的「道」，就會被失控人心中的怨恨、恐懼、膽怯、貪婪、卑劣、齷齪所遮蔽。被失控心靈主宰的人，看不到「道」的本來樣子，不知「道」之所在。天下禮壞樂崩局面的根源，就在於人心在面對家庭、社會、政治時，無法從失控狀態中回復，不能「克己復禮以為仁」。

所以，人世紛爭和天下動盪的良藥，就在於人要學會重建自己的內心世界，使自己成為一個有仁心的人，用這顆心去體察萬事萬物的「道」，並透過行動來達成。

仁禮一體，因仁體道，孔子的思想為古老的禮樂制度找到了新的文化根基。在孔子之前，禮樂制度始終無法與宗教文化脫鉤。[33] 這是因為，從根本上來說，禮樂起源於祭祀活動，是更大的巫師文化系統的一部分。正是得益於孔子的努力，禮樂制度才擺脫了巫師文化系統。

古代中國的精英文化，也因此擁有了一種新的可能性。它將能夠從內在於人心的東西出發、從人的精神世界出發，而不是從想像中的神靈意圖出發，來論證人所生活的世界應該和能夠達到的樣子。

這是一種獨屬於古代中國文明的理性化思維方式。它的出現，標誌著古老中華大地出現了第一位真正的「哲學家」。一個擁有哲學家的文明，是真正的「高等文明」。「天不生仲尼，萬古如長夜。」孔子思想的出現，標誌著一次巨大的精神突破。古代中國文明也因此和世界上其他偉大文明一道，飛躍進人類高等文明的「軸心時代」。[34]

孝敬

正如西方漢學家羅泰所發現的，西周時期的青銅器銘文中常常包含了渴望得到祖先庇佑的意思。[35]「周公制禮樂」之後的五個世紀裡，儘管禮樂的功能被疊加上了一些新含義，但在祭祀活動中與祖先神溝通、求取福佑的原始意義並沒有改變。

羅泰還發現，春秋中葉以後，向祖先求取庇佑的觀念變得日益單薄。人們雖然仍然祭祀祖先，但是已經不指望祖先神在另一個世界向自己施以援手。青銅器開始成為人間君王自我歌頌的「自媒體平台」，甚至日益日用化、娛樂化。比如國家博物館收藏的一組戰國編鐘（圖1-14），至今仍能發出清脆和雅的準確音律。[36]

孔子哲學形成後，中國人看待祭祀、對待祖先的態度也發生了兩點變化：「敬鬼神而遠之」，「祭神如神在」。

「敬鬼神而遠之」出自《論語．雍也》。孔子的弟子樊遲問：「什麼算作智慧？」孔子回答說，專心在人民中培養「義」的意識，尊敬鬼神，但是不予接近，這就算是智慧了。

「祭神如神在」出自《論語．八佾》。說的是孔子祭祀祖先的時候，言行舉止好像祖先就在現場一樣。這段記錄還直接引用孔子的話說：「如果不能親自到場祭祀祖先，那就跟沒有舉行祭祀是一樣的。」

人死為「鬼」。孔子說不接近鬼神，其實就是反對在祭祀祖先的儀式中搞降神附體那一套。可是，為什麼在祭祀祖先的儀式中，他又表現得好像祖先在場一樣呢？「敬鬼神而遠之」，「祭神如神在」，這兩句話的意思是不是有點矛盾？

前面說過，孔子認為，一個有仁心的人，在面對萬事萬物時，都能按照事物理想的樣子來打交道，不會有任何偏差。既然禮樂和祭祀活動也源自仁心，那麼，祭祀祖先過程中最重要的事情，就不是去追問祖先有沒有收到祭品、滿意不滿意後嗣的供奉，而是要秉持一顆充滿敬意的孝敬之心。

孝敬就是「無違」，就是用一顆仁心來對待祖先的生養病歿，即所謂「生事之以禮，死葬之以禮，祭之以禮」（《論語・為政》）。從孔子開始，「家」作為仁心最重要孵化器的作用逐漸被充分認識。以後的兩千多年裡，世世代代的中國人，

春秋中葉後，青銅器開始成爲人間君王自我歌頌的自媒體平台，日益日用化、娛樂化

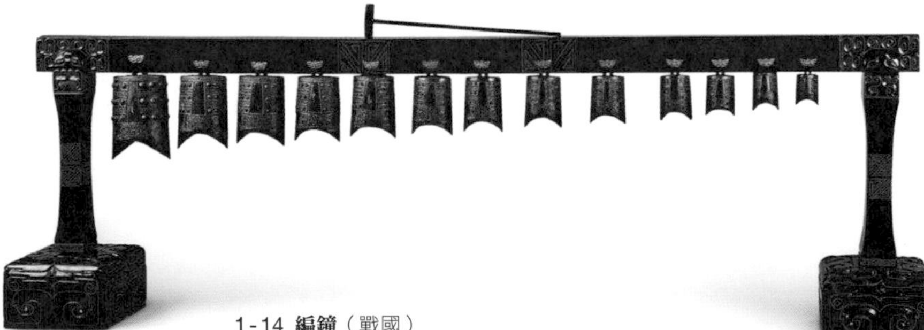

1-14 編鐘（戰國）

中國國家博物館藏

正是在那裡培養出自己對待萬事萬物最初的敬意。孝敬之心，就是一顆通用於「家」這個場合的仁心。

孔子相信，這顆在「家」的場域中透過「孝」的日常鍾煉而塑造出來的仁心，一旦走向山川大地、走向天下蒼生、走向更寬更廣的人群時，同樣會表現為忠心、愛心、寬恕之心。因此，「孝」

「家」是仁心的孵化器。世世代代的中國人，正是在自己的家中，培養出對待萬事萬物最初的敬意

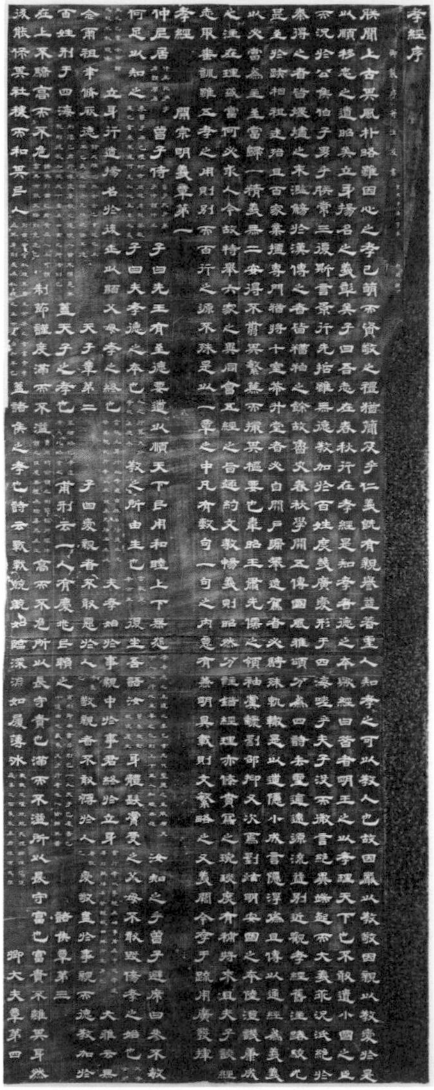

1-15 石臺孝經（唐）碑文拓片

原石藏西安碑林博物館

是一切善行義舉的起點，是「至德要道」（《孝經．開宗明義章第一》）。

這樣比較來看，神靈附體這樣的巫術魅影，除了讓祭祀中本該沉浸在對祖先孝敬情感中的人分心外，並沒有任何積極作用。[37] 在孔子充滿人文理性的思想中，巫術是一個屬於久遠過去的誤會。祭祀的本質，只是為活著的人提供涵養自己內在之心的機會。孔子希望人們懂得，活著的人身處祖先與後人之間，他繼承了一個世界，又要傳遞一個世界。「未知生，焉知死」（《論語．先進》）。只有把全部注意力放到如何端正自己的內心上，活著的人才能俯仰無愧，不辜負他此生的使命。

孔子充滿智慧的哲學教誨，驅散了籠罩在商周世界的巫術之雲。從這些教誨出發，後來的中國人逐漸學會將祖先從神靈世界中抽撥出去，不再將其看作魅影重重的神祕存在，而僅僅當作一個投射後人對來時之路感激心情的對象。我們不再期待在某一個時空中與祖先相遇，但也因此更加懂得要充滿誠意地對待此世所經歷的每一個人、每一件事、每一天。

西元前四七九年，古代中國的大哲學家孔子，在無奈和期待中離世。臨終前，他做了一個夢，夢到自己在「兩楹之間」接受祭奠。那是他的祖先殷商人的停柩方式。在生命旅程的最後，孔子回歸了他祖先的生活方式。沒有什麼比這更能撫慰一顆仁者之心了。

註釋

1 何尊銘文共12行122字。全文如下：「唯王初遷宅於成周，復稟武王豐福自天。在四月丙戌，王誥宗小子於京室，曰：昔在爾考公氏克逑文王，肆文王受茲大命。唯武王既克大邑商，則廷告於天，曰：余其宅茲中國，自之乂民。嗚呼！爾有唯小子亡識，視於公氏，有勳於天，徹命。敬享哉！助王恭德裕天，訓我不敏。王咸誥，何錫貝卅朋，用作囗公寶尊彝。唯王五祀。」其中「大命」即「天命」，銘文中不可見，為釋讀所補。有關何尊銘文的解釋和製器年代考證，綜合參考了馬承源、唐蘭、張政烺、楊寬諸先生的意見。參見：馬承源：《何尊銘文初釋》，《文物》，一九七六年第一期；唐蘭：《何尊銘文解釋》，《文物》，一九七六年第一期；張政烺：《何尊銘文解釋補遺》，《文物》，一九七六年第一期；楊寬：《釋何尊銘文兼論周開國年代》，《文物》，一九八三年第六期。

2 許宏：《何以中國：公元前2000年的中原圖景》，生活·讀書·新知三聯書店，二〇一六年版，第109－111頁。

3 正因此，早在先秦時代，一些思想家就出於財務和經濟的考慮反對浮誇的墓葬實踐。參見《墨子·卷六·節葬下》。

4 蘇秉琦：《中國文明起源新探》，生活·讀書·新知三聯書店，二〇一九年版，第106－111頁。

5 許宏：《何以中國：公元前2000年的中原圖景》，生活·讀書·新知三聯書店，二〇一六年版，第13頁。

6 張光直：《藝術、神話與祭祀》，劉靜、烏魯木加甫譯，北京出版社，二〇一七年版。

7 陳夢家：《殷墟卜辭綜述》，中華書局，一九八八年版，第562頁。

8 郭寶鈞：《中國青銅器時代》，生活·讀書·新知三聯書店，一九六三年版，第228頁。

9 正因為祖先擁有充分的感性能力，所以顏色與味道在祭祀用品和儀程安排中具有極為重要的功能。關於這一點，參見〔英〕汪濤：《顏色與祭祀：中國古代文化中顏色涵義探幽》，郅曉娜譯，上海古籍出版社，二〇一八年版；以及Roel Sterckx, Food, Sacrifice, and Sagehood in Early China, Cambridge University Press, 2015。

10 胡厚宣：《釋殷代求年於四方和四方風的祭祀》，《復旦學報》，一九五六年第一期。

11 陳夢家：《殷商卜辭綜述》，中華書局，一九八八年版，第580頁。

12 卜辭中關於先公先王互相做客或到帝那裡做客的表述，例如：

貞大甲不賓于帝。

貞大（甲）賓于帝。

貞下乙不賓于帝。

貞下乙（賓）于帝。

甲辰卜，殻貞下乙賓于（咸）。貞下乙不賓于咸。

貞咸不賓于帝。

貞咸賓于帝。

貞大甲賓于咸。

貞大甲不賓于咸。（《合集》一四〇二正）

此外，例如《尚書・君奭》則記載了早商重臣做客的事情：「我聞在昔，成湯既受命，時則有若伊尹，格於皇天。在太甲，時則有若保衡。在太戊，時則有若伊陟、臣扈，格於上帝，巫咸乂王家。在祖乙，時則有若巫賢。」

13 陳夢家：《殷商卜辭綜述》，中華書局，一九八八年版，第351頁。

14 陳來：《古代宗教與倫理：儒家思想的根源》，北京大學出版社，二〇〇九年版，第132頁。

15 按照《禮記・郊特牲》的說法，供奉祖先的祭品「至敬不饗味而貴氣臭也」。看起來，對於祖先來說，祭品好聞比好吃更重要。《詩經》中也有很多篇章都表明，祖先神靈透過享用氣味來享受祭品。如《生民》：「其香始升，上帝居歆。」但《楚辭・東皇太一》所記載的祖先祭禮則色香味聲姿俱全：「撫長劍兮玉珥，璆鏘鳴兮琳琅；瑤席兮玉瑱，盍將把兮瓊芳；蕙餚蒸兮蘭藉，奠桂酒兮椒漿；揚枹兮拊鼓，疏緩節兮安歌；陳竽瑟兮浩倡；靈偃蹇兮姣服，芳菲菲兮滿堂；五音紛兮繁會，君欣欣兮樂康。」

16 David N. Keightley,「The Making of the Ancestors: Late Shang Religion and Its Legacy」,Ancientand Medieval China, 2004, pp.3－6.

17 〔美〕普鳴：《成神：早期中國的宇宙論、祭祀與自我神化》，張常煊、李健芸譯，生活・讀書・新知三聯書店，二〇二〇年版，第73－77頁。

18 張光直：《藝術、神話與祭祀》，劉靜、烏魯木加甫譯，北京出版社，二〇一七年版，第120頁。

19 張光直：《中國青銅時代》，生活・讀書・新知三聯書店，一九八三年版，第315－317頁。

20 同上書，第322頁。

21 Mircea Eliade, *Shamanism: Archaic Techniques of Ecstasy*, Princeton University Press, 1964.

22 張光直：《中國青銅時代》，生活・讀書・新知三聯書店，一九八三年版，第332－335頁。

23 簋內銘文內容為：「武征商，唯甲子朝，歲鼎克昏，

夙又商，辛未，王在闌師，賜又事利金，用乍檀公寶尊彝。」

24 《詩經．大雅．文王》：「文王在上，於昭於天。周雖舊邦，其命維新。有周不顯，帝命不時。文王陟降，在帝左右。」

25 此處遵從的是陳夢家先生依託卜辭文獻而形成的意見。參見陳夢家：《殷墟卜辭綜述》，中華書局，一九九二年版，第562頁。此外，張光直先生也依據考古證據，認為作為神的「天」的觀念在西周才出現。參見張光直：《中國青銅時代》，第306頁。但對於這個問題，傅斯年先生卻認為既然商代有多元神和至高神，那麼「自當有『天』之一觀念，以為一切上神先王之綜合名」。傅斯年先生的觀點立足於推測，而缺乏直接的文獻證據，我們在此不取。參見傅斯年：《性命古訓辨證》，收於《傅斯年全集》（第二卷），湖南教育出版社，二〇〇三年版。

26 〔英〕潔西嘉．羅森：《祖先與永恆：潔西嘉．羅森中國考古藝術文集》，鄧菲、黃洋、吳曉筠譯，生活．讀書．新知三聯書店，二〇一七年版，第28頁。

27 《史紀．周本紀》：武王徵九牧之君，登豳之阜，以望商邑。武王至於周，自夜不寐。周公旦即王所，曰：「曷為不寐？」王曰：「告女：維天不饗殷，自發未生於今六十年，麋鹿在牧，蜚鴻滿野。天不享殷，乃今有成。維天建殷，其登名民三百六十夫，不顯亦不賓滅，以至今。我未定天保，何暇寐！」

28 《尚書．多士》：「肆爾多士！非我小國敢弋殷命。惟天不畀允罔固亂，弼我，我其敢求位？惟帝不畀，惟我下民秉為，惟天明畏。」

29 銘文內容為——唯九月，王在宗周，命盂。王若曰：「盂！不顯文王，受天有大命，在武王嗣文作邦，辟厥慝，敷佑四方，畯正厥民。在於御事，𠭰，酒無敢酣，有燕蒸祀無敢擾，故天翼臨子，法保先王，敷有四方。我聞殷墜命，唯殷邊侯、甸，與殷正百辟，率肆於酒，故喪師。已！汝昧辰有大服，餘唯即朕小學。汝勿逸餘乃辟一人。今我唯即型稟於文王正德，若文王命二三正。今餘唯命汝盂，紹榮敬雍德，經敏朝夕入諫，享奔走，畏天威。」王曰：「耐！命汝盂型乃嗣祖南公。」王曰：「盂！迺紹夾，屍司戎，敏罰訟，夙夕紹我一人烝四方，與我其遹省先王受民受疆土，賜汝鬯一卣，冕、衣、韍、舄、車馬，賜乃祖南公旂，用戰。賜汝邦司四伯，人鬲自馭至於庶人六百又五十又九夫；賜夷司王臣十又三伯，人鬲千又五十夫，極畢遷自厥土。」王曰：「盂！若敬乃正，勿廢朕命！」盂用對王休，用作祖南公寶鼎，唯王廿又三祀。

30 《尚書．康誥》：「惟命不於常。」

31 陳來：《古代宗教與倫理：儒家思想的根源》，北京大學出版社，二〇一七年版，第222－223頁。

32 《逸周書．明堂解》：「明堂，明諸侯之尊卑也，故周公建焉，而朝諸侯於明堂之位。制禮作樂，頒度量，而天下大服，萬國各致其方賄。」

33 余英時：《論天人之際：中國古代思想起源試探》，中華書局，二〇一五年版，第26頁。

34 〔德〕雅斯貝爾斯：《論歷史的起源與目標》，李雪濤譯，華東師範大學出版社，二〇一八年版，第10頁。

35 Lothar von Falkenhausen, *Chinese Society in the Age of Confucius (1000-250 BC): The Archaeological Evidence*, The Cotsen Institute of Archaeology Press, 2006.

36 蘇立文指出，春秋中葉後，「音樂不再是純粹的禮儀行為，而變成了諸侯公眾主要的娛樂形式之一」。參見《中國藝術史》，上海人民出版社，二〇〇四年版，第61頁。

37 〔美〕史華茲：《古代中國的思想世界》，程鋼譯，江蘇人民出版社，二〇一三年版，第118－119頁。

第二部分

無垠與永恆

這塊蜀錦長18.5公分，寬12.5公分，卻試圖傳遞關於宇宙、帝國和仙界的全部信息

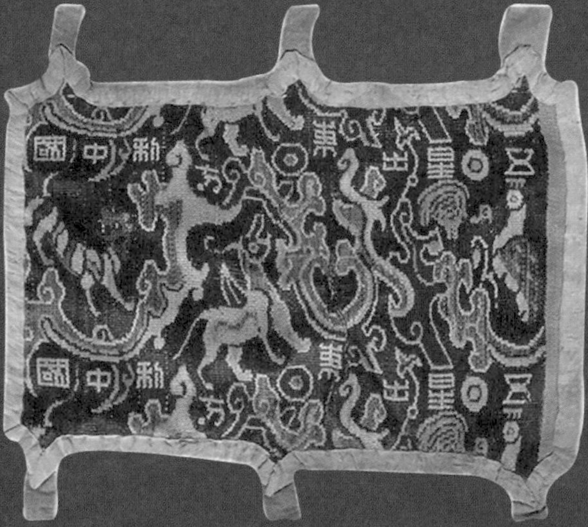

2-1「五星出東方利中國」護膊
（東漢）

新疆考古研究所藏

西元前六一年，西漢帝國建立後的第一四六年，皇帝給遠在甘肅的將軍趙充國寫了封信，敦促他立即採取行動，平息一場正在帝國西域蔓延的叛亂。

趙將軍對皇帝的戰略意圖和戰術思路心存疑慮。為了堅定趙將軍的信心，皇帝在信中特意引用了天文官此前上奏的一則好消息：「今五星出東方，中國大利，蠻夷大敗。」

「五星出東方」是一句天象占辭，意思是只要辰星、太白、熒惑、歲星、鎮星，也就是我們今天所說的水、金、火、木、土五顆行星，在天空的東邊大致排成一列，對於發動戰爭的一方來說，就是一個莫大的好兆頭。[1]

戰事的結局確如天文官預言，西漢帝國大獲全勝。但勝利的原因卻在於皇帝經過趙充國的反覆勸說，最終收回自己的意見，轉而採納了將軍的計謀。由此，趙充國將軍善斷多謀的威名在帝國西域流傳開來，綿延數百年之久。

一九九五年，新疆和田民豐縣出土了一塊蜀錦（圖2-1），據信出自東漢後期，應當是「西域三十六國」之一的古精絕國國王的隨葬品。這塊蜀錦工藝複雜，以青、赤、黃、白、綠五種顏色的絲線，織造出日月、卿雲、五星和靈芝、鳳凰、仙鶴、貔貅、白虎圖案，象徵宇宙與仙界。

除此之外，蜀錦圖案中也清晰標識了人間帝國的威嚴。兩排白線織出「五星出東方利中國」字樣，宛如皇帝正在向他的趙將軍講述想像中的帝國鴻運。

這是一塊神奇的蜀錦。它至小又極大。物理尺幅長十八點五公分，寬十二點五公分，卻試圖傳遞宇宙、帝國和仙界的訊息，表達秦漢中國對無垠與永恆的全部想像。

這塊蜀錦的原初功能，是古精絕國王室的陪葬品。身居塔克拉瑪干沙漠邊緣的古精絕國人，當初將這塊蜀錦綁在已故國王的前臂上，意在借助帝國令人驚歎的權能，作為亡者在死後世界中驅魔辟邪、登仙御極的工具。無意之間，他們也再一次確認了對「中央帝國」的政治和文化認同。

天象

一九八七年，在濮陽西水坡一個仰韶文化遺址的第四十五個墓穴中，考古學家看到了令人震驚的一幕（圖2-2）。身高體長的墓主仰臥其中，頭部朝南，左右兩側各有蚌殼擺塑而成的龍、虎圖案。龍、虎頭皆朝北，面則分別朝向東、西。墓主腳下不遠處，堆放著一個蚌殼三角形，旁邊放置著兩根人腿脛骨，與三角形鄰邊垂直。

這是中國最早的「北斗二象圖」。其中，蚌殼三角形表示北斗七星的斗勺四星，人腿脛骨則象徵斗杓三星，而龍、虎形蚌塑則直截了當地展示了華夏先民對於「星官」的理解，應和著「左青龍、右白虎」的古老「四象」說。[2] 這個令人驚奇的墓穴中，隱藏著時間和空間的祕密。

六千五百多年前，每一個晴朗的夜晚，居住在黃河沿岸的人們只需用肉眼望向天空，就能注意到一顆星。這顆星非常

這個墓穴隱藏著時間和空間的祕密，它應和了古老的「四象」說

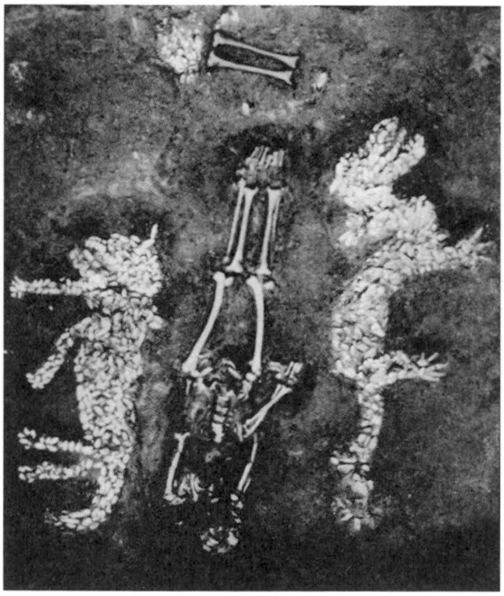

2-2 蚌塑北斗二象圖（仰紹文化）

中國國家博物館藏

神奇，不僅最亮，而且似乎常年固定在同一個位置。古人將它稱為「北辰」，也就是我們今天所說的北極星。

那時，人們當然還不可能知道大地是一個自轉的球體。廣袤平坦的中原也給了他們產生錯覺的機會。於是，他們將自己所站立的地方想像成一個不動的「四方」平面，而天空則被看作一個「穹隆」，像蓋子一樣覆於大地之上。

人們還發現，在離「北辰」不遠的地方有七顆星，連在一起組合成一柄「斗」的形狀。這斗也很奇妙，圍著北辰逆時針旋轉，寒來暑往，恰好轉完一周。就好像天帝乘著鑾駕，在天界的每一個角落宣告自己無上的權威，永不疲倦。[3]

於是，我們的先民依託北斗七星，建構起「年」的觀念。

周而復始的現象並不只出現在晚上。到了每一個晴朗的白天，萬物又都能在大地上顯出自己的影子。華夏的先民們發現，只要挺拔起自己的身姿，再低頭瞥望，就能看到自己腳下的黑影。

如果他們站立得夠久，黑影就會伸縮變化、繞圈旋轉。於是他們以自己的腿骨為最早的「表」，透過觀測日影的長度，確立起「日」的觀念。

依靠著天空和大地，在影與光的世界裡，華夏先民們從空間中發現了時間。從此，生命不再肆意流淌，中國人開始將「歷史」鐫刻其上。濮陽西水坡仰紹文化墓穴主人的遺骸腳下，就擺放著「北斗建時」和「圭表測影」的祕密。[4]

今天我們都知道，北斗七星彼此之間沒有任何關聯，「斗」的形狀只不過是人的想像力的投射。但對於先民來說，他們並不將「穹隆」上閃爍的恒星當作一個個孤立的亮點。相反，他們認為這些亮點之間存在著聯繫，形成若干富有內在意義的組合，隸屬於天帝和他的「天宮」。在他們看來，認識這些亮點之間的聯繫，就是認識天界的奧祕。

先民們依靠頭腦中的意義感，賦予了滿天恒星以秩序。他們將肉眼視力可見範圍內的恒星，想像成二十八個組合。他們覺得，每一個組合，看起來都像是在為日月和五星的奔波勞累提供停歇休息的驛站，因而將這些組合命名為「星宿」。從此，中華大地的天上，閃耀著「二十八宿」。

先民們以動物圖騰來對應表示每一個星宿，並且根據它們在天空中的位置分布，將二十八宿分為四組。每七宿一組，分屬「穹隆」的東、西、南、北四個方位，好似天帝居住的宮殿。他們以青龍、白虎、朱雀、玄武（麒麟）四神獸的形象來表示這四個方位，由此形成「四宮」或「四象」的觀念。

濮陽西水坡遺址的龍、虎形象，顯然高度疑似四象中的「二象」。並且，同一墓穴中東、西、北向殉人，以及相鄰墓穴中的蚌殼圖案，也都強烈支援這個結論。但仰韶遺址畢竟還缺乏能直接表明我們的先民早在六千多年前就已產生二十八宿和四象觀念的文字佐證，所以確鑿的論斷始終難以敲定。[5] 但無論如何，這位仰韶時期擁有高貴身分的墓主，無疑是在一個人造的「微縮宇宙」中度過了過去的六十多個世紀，而且我們也有充分的理由相信，這樣的安頓符合他生前的願望。

二十八宿和四象的知識，並不只是先民在前科學時代對於天文奧祕的幼稚想像。對於數千年處於農業文明之中的華夏民族來說，時日和天象意味著辛苦勞作能否如期豐收，而豐收則事關生死。正因此，發布時間和節氣的權力無上神聖。保管時間就是保管國運。以至於堯禪位於舜時，要特意向他交代一句「天之歷數在爾躬，允執其中」（《論語・堯曰》）。

曾經，人們認為有關二十八宿和四象的最早文字記載收於漢武帝的政治對手劉安所編的《淮南子》中，甚至二十八宿也被認為有可能來源於古代印度或埃及。但一件器物的出土改變了這些認識。

一九八〇年的一天，已經定稿的《中國大百科全書．天文學卷》，在即將付印時突然返稿修改，原因正在於其中關於二十八宿最早文字記錄的表述有了錯誤。錯誤的原因並非人為，而是此前兩年在湖北隨州曾侯乙墓中出土的一件漆箱（圖2-3）。

這件漆箱如今陳列於湖北省博物館。它在同時出土的五件漆箱中最顯特別。箱蓋正中赫然標出大大的篆體「斗」字，下面又緊連著一個「土」字。二字合併構圖，共同表達「天地軸心」的意象。[6]

二字周圍略顯不規則地環形排列了二十八個名詞。字體的四根線條誇張而故意地伸至其中四個。這些名詞與《史記．天官書》記載的二十八宿應和，採取順時針排列，與史書所載排列方式恰好相反。字體線條所指向的，則是分別表示東、西、南、北四宮的主星宿名稱。

四宮本身又以四神獸圖案來強化表達。箱蓋東西兩側分別繪有龍、虎圖案。展開箱蓋後還可以發現，北立面繪有鳥紋樣，南立面則塗黑。之所以塗黑，而非描繪玄武或麒麟的具象，是因為此方位乃是墓主所要去往的「玄冥之境」，不僅其景況不為人所知，而且也不宜塗繪神獸具象，以免阻塞墓主升天通道。[7]

可見，漆箱所繪圖案，表達的是宇宙尺度的空間和時間。

但人們也依照漆箱上的文字標注，認為它是一件用於裝墓主衣物的「衣箱」。那麼，這件漆箱到底有何功能？一件衣箱上，為什麼要繪製象徵宇宙時空的圖像？

要理解這個問題，還得運用一點想像力。讓我們假設箱體無限大，大得超過楚國的領地。假設箱蓋也並非木質，而是晶瑩剔透宛如水晶。現在，想像一個人站在這巨大的箱底，仰頭觀望。當

這件小小的漆箱是一個「微縮的宇宙」：箱底是大地，箱蓋是天空，在須彌方寸的至小中，凝縮了至大的悠遠時空

2-3 彩繪二十八宿圖漆箱
（戰國）

湖北省博物館藏

他的目光穿過箱蓋，他會看到什麼？他會看到「北斗」周圍排列著二十八宿，排列順序恰好符合二十八宿的逆時針秩序，而各據東、西、南、北四方的龍、虎、鳥和黑冥則懸浮在他的頭頂上。

西元前四三三年「甲寅三日」，當剛剛離世的曾侯乙的靈魂飄入他的墓地，進入這個小小的漆箱，他並不是在尋找生前死後的衣服，而是進入了無垠而永恆的宇宙。

原來，埋在地下的這個漆箱並無實用功能，考古學者也確實發現「衣箱無衣」的現象。它是一件神器，是一個「微縮天界」，就像濮陽西水坡四十五號墓穴一樣。它以箱底為大地，箱蓋為天空，在須彌方寸的至小中，凝縮悠遠至大的時空整體。

曾侯乙大人當然不會想到，幾個世紀後，中華世界的第一位皇帝，會將日月星辰、山川大海統統裝進自己的墓穴。[8] 相較於浮誇而高調的始皇帝陵，他這件隱藏著宇宙密碼的小小漆箱，在物質材料的選用上顯得過於節儉了。秦始皇之後，沒有第二個凡人擁有在自己的墓穴中以實物模型類比整個宇宙的意志和財力。但這並不妨礙古代中國人將整個宇宙帶入永恆地下世界的決心。新方案的思路甚至是現成的：既然曾侯乙墓中的漆箱無限放大就能成為宇宙，難道它不可以稍稍放大而成為墓穴？

漆箱埋入地下三個世紀後，西漢帝國發起了一場聲勢浩大的藝術運動。人們以壁畫的形式，將曾侯乙墓漆箱箱蓋上的宇宙圖樣，更加生動地描繪在墓穴穹頂上（圖2-4）。[9] 墓主可朽的軀體從此就躺在「穹隆」的下方，直面著日月和星辰。這種「微縮宇宙」的方式，從這時開始，延續了許多個世紀。

當古人將龍虎圖、漆箱、穹頂壁畫作為宇宙的濃縮帶入地下，他們期待自己與這些圖案發生什麼樣的關係呢？這些圖案是用於愉悅他們的視覺、供他們「觀看」，還是另有深意？

視覺在人與物之間所建立的關係，用術語來說，叫作「視覺機制」。今天，當我們去博物館觀看文物時，早已習慣於從外部將目光投放到物品的表面，從而從物品身上獲得視覺訊息。這是一種非常現代的視覺機制，它將萬物都當作視覺的對象。

墓主躺在「穹隆」的下方，正對著日月和星辰。對中國人而言，宇宙和環境不是征服與超越的對象，而是人類生活棲息的唯一家園

2-4 主墓室券頂部壁畫日輪圖、月輪圖
（西漢）

西安交通大學西漢墓原址藏

凝視是一種征服，也是一種超越，是智慧化的生靈對「物」的一種佔有。但對漆箱的主人曾侯乙大人而言，他怎麼可能從「外部」，像觀看一個蘋果、一座山、一顆恒星那樣，去凝視他所陷身其中的整個宇宙？

換個角度說，要實現這種「凝視」，曾侯乙大人就必須首先從宇宙之外的某個地方，獲得必要的視角。這樣的視角是不可能獲得的。因為即使已經登入「天界」，曾侯乙大人也沒有走出他的「宇宙」。

古代中國觀念中的「天界」，並不是「另一個宇宙」。甚至，是否真的存在「另一個宇宙」，這樣的問題對於曾侯乙大人來說也毫不重要。他那已經完成的「此生」只能在這個宇宙中度過，他那即將開始的「來世」也同樣只能在這個宇宙中安頓。

這件漆箱的意義，不是將宇宙變為曾侯乙大人凝視、征服、佔有乃至把玩的物件，而是讓他在地下世界裡繼續獲得觀望天空的機會。正因此，這件漆箱確認了一項古老的東方智慧：宇宙和環境不是征服與超越的對象，而是人類生活棲息的唯一家園。

佛教進入中國以前，「來世」被古代中國人看作是「此世」的延伸，甚至就是「此世」的一部分。宇宙之外的奧祕與生活無關。生命形態的任何改變，也都不以「超越這個宇宙」或者「到這個宇宙外面去」為目的。兩漢時期的許多藝術品也都試圖表達這樣一個觀點，比如某些類型的青銅規矩鏡（圖2-5）。[10]

規矩鏡也叫「TLV鏡」，流行於西元前一百年後的兩漢帝國時期，但早至漢武帝時期就有使用。此類銅鏡在紋樣上有一些共同元素：從鏡的邊緣開始，若干圈幾何圖案象徵天空外緣；中心則銘刻四方形圖案，象徵大地。方形圖案與圓形輪廓之間，以雲紋、四象紋（或四神紋）表示天界境況。在方形圖案的四個角往邊緣延伸處，可以看到V字形紋，表示天空的邊緣。[11]

這些V形紋毫不猶豫地表明，可見、可理解、可表達的宇宙只有一個，那就是我們當下生活於其中的宇宙。天與地，乃至生活所在的整個宇宙，與人之間具有唯一的、不可替代的生態學關係。在這種生態化的宇宙觀念中，天、地、人三者內在糾纏。人牢牢嵌入他所置身的天空與大地、時間與空間。不僅對於活著的人來說，一切都只能在這個宇宙中經營，即便死後升仙，靈魂也只能去往這個宇宙之中而不是之外的某個地方。無論此生還是來世，所有的悲歡離合都只能發生在這個宇宙之中——它是過去的人、現在的人和將來的人所共用的唯一時空背景。

2-5 蟠螭紋規矩銅鏡
（西漢）

河北博物院藏

規矩鏡用TLV紋樣清晰表明，可見、可理解、可表達的宇宙只有一個，那就是我們當下所生活於其中的宇宙

宇宙

漆器取代青銅器，是商周向秦漢藝術轉變過程中出現的一場「材質革命」。一九七一年至一九七四年間，考古工作者在湖南長沙先後發掘了三座西漢墓葬，即著名的馬王堆漢墓。其中出土了大量漆器、陶器和木器，卻罕見高品質青銅器。

出土的漆器中，一種典型紋樣不同尋常地出現在幾乎所有漆器的表面，包括盤、盆、鼎、杯、勺、几、案、盒、奩、鈁、鐘以至屏風。區別僅僅在於有的漆器單獨表現這種紋樣，有的則在其中稍許點綴一些動物紋樣，包括龍、鳥乃至罕見的青蛙、烏龜、老鼠、狸紋。這就是「雲氣紋」。

除了馬王堆漢墓，運用雲氣紋作為漆器表面的裝飾紋樣，其實在湖北雲夢睡虎地秦墓出土的漆器中也廣泛存在（圖2-6）。

從秦漢起，這一圖樣在中國藝術實踐中廣受歡迎，影響一直延綿至今。[12] 最近的一次著名運用，是二〇〇八年的北京奧運會，其標識圖案的設計就廣泛採取了「祥雲紋」。但縱觀整個中國歷史，沒有哪個時代像漢代那樣，如此密集、普遍地運用雲氣紋作為裝飾。那麼，究竟是什麼樣的觀念，激發了人們對雲氣紋的選擇和使用？答案或許異乎尋常地宏大：一種宇宙觀。為了理解這種奇

2-6 彩繪鳳鳥紋漆圓奩（秦）

湖北省博物館藏

秦漢時期密集、普遍地運用雲氣紋 作爲裝飾。雲氣紋呈現了一種宏大的宇宙觀

妙的宇宙觀，我們先從馬王堆三號墓中出土的一件六博棋具說起。

湖南博物院收藏的這件六博棋（圖2-7）構件相當完整，主體為漆製，輔以象牙材質。從棋盤圖案看，屬於TLV子類型，與前面提到的規矩鏡幾何圖案類似。它的棋盒蓋和棋盤面上，畫滿了雲氣圖案。圖案勾綫精妙靈動，宛如氣息正以可見方式縈繞在器物表面。

六博棋是一種流行於戰國秦漢之間的棋類遊戲。從出土情況看，在不同時代和地區，發展出了若干種子類型。[13]多樣性的背後，基本設計思想高度一致：試圖表達天圓地方、星宿時日的含義。六博棋的原型，是一種叫作「式盤」的東西。

和濮陽西水坡龍虎圖、曾侯乙墓二十八宿漆箱、規矩鏡一樣，式盤也是一個微縮的宇宙模型。它在構造上處處模仿古人眼中的宇宙時空。[14]不同之處在於，式盤的首要功能不是埋入地下方便墓主升天，而是供地上的活人使用。數術家——這些古代世界的預言專家，在嚴格按照他們心中的宇宙模樣設計式盤時，滿懷希望地將它當作宇宙結構和萬物運行原理的指示器，試圖從這方小

六博棋是一種風靡一時的棋類遊戲。小小棋盤，卻有天圓地方、星宿時日的含義

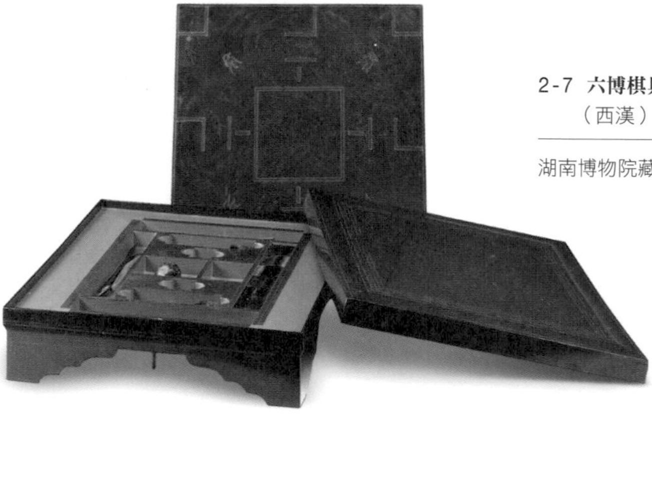

2-7 六博棋具（西漢）

湖南博物院藏

小平面中推測出奧妙難測的「天機」。

窺測「天機」的興趣不僅流布在專業圈中，而且也為民眾所需要。如果說式盤是數術家的專業儀器，那麼六博棋可謂一項通用技術，上自神仙，下至一般民眾，普遍適用（圖2-8）。

占驗的本質，是從現象的偶然性中幻想出命運的必然性。當馬王堆三號墓的主人、第二代軑侯利豨拔籌行子忙個不停時，他的內心也許正為某樁人事祕密忐忑不安，急需在棋盤上發現命運的徵兆。對他而言，幸運的是六博棋在玩法設計上為偶然性預留了充分空間，使徵兆就像浩瀚無垠的宇宙本身一樣無常難測，因此很能滿足他的心理需要。[15]

六博棋的具體玩法已經失傳。今日所知，都來自傳世或出土文獻中的隻言片語。最近江西南昌西漢海昏侯墓出土的簡牘中，不少提到六博棋的行棋規則，也許將來能藉此復現其玩法。[16] 但即便復現成功，現代人也一定難以體驗戰國秦漢時人戰戰兢兢與宇宙相溝通的遊戲感受。

缺乏相同感受的原因在於，現代人對宇宙和萬物的認識發生了根本變化。

窺測「天機」的興趣無處不在。如果說式盤是數術家的專業儀器，那麼六博棋可謂一項通用技術，上自神仙，下至一般民眾，普遍適用

2-8 仙人六博圖石函（東漢）拓片

四川省博物館藏

對於一個典型的現代人來說，萬物隨機生成、偶然相遇，而社會人事則是一個社會內部，持有不同動機、欲望和信念的人彼此之間交織碰撞所產生的合成效應。現代人不會認為自然世界與社會人事之間存在什麼關聯，更不會認為一種棋類遊戲能夠對這種關聯加以模擬和預測。

與此相反，古人的生活依託於完全不同的另一種宇宙萬物觀念。這種觀念認為，不僅自然世界與社會人事彼此糾纏關聯，而且萬物本身就組成了一張無邊無際的溝通網絡，彼此之間在這張網絡上相互影響。用我們熟悉的語言說，在這種觀點看來，萬物之間好像存在著「訊息流」，彼此調動，互成因果。這種觀念當然起源於商周時期的巫覡文化。但隨著古代中國思想觀念的不斷理性化，它也不斷哲學化，最終演變為中國哲學特有的「萬物感通」思想。

早在戰國時期，一些有見識的人就發覺，擺脫了巫覡文化後，萬物感通的思想必須重獲某種觀念根基，否則很難繼續成立。這些人的主要活動地，位於當時的齊國國都臨淄，也就是今天的山東淄博地區。在那裡，當時建有中國最早的官辦智庫機構：稷下學宮。

稷下學宮的天才專家們，從煙氣、雲氣、蒸汽、霧氣、風氣乃至人獸呼吸之氣中，找到了詮釋由宇宙和萬物所組成的「精靈之網」的新靈感。他們將「氣」視為構成宇宙萬物的最基本因素。[17]這樣一來，萬物就都是由「氣」所構成，隨著「氣」的流動而生成變化。不僅如此，「氣」還成為萬物發生溝通聯繫的共同物質基礎，將表面上不相干的某一物與大千世界的萬物勾連在一起，組成一張互生互動、互聯互通的氣態網絡。這樣一來，「萬物感通」就得到了新的自洽解釋。古代中國影響最為深遠的世界觀理論由此誕生。這就是「氣化宇宙論」。

氣化宇宙論在齊國地域形成後，很快流行起來，不僅成為社會精英的一般觀念和認識，而且對民眾的日常生活產生了重要影響。天津歷史博物館藏有一塊玉刻藝術品可以說是直接物證（圖2-9）。

人不僅由「氣」構成，還可以能動地透過調節「氣」來調整自己的小宇宙。統治者根據「氣」的運行來安排社會，個人也根據「氣」來調養自己。「氣化宇宙論」產生了重要影響。這塊玉器的每個立面都刻著若干銘文，記錄著如何呼吸吐納，均衡氣息

2-9 行氣玉柲銘
（戰國）

天津歷史博物館藏

這塊玉器被陳夢家先生稱為「行氣玉柲銘」，為柱狀，表面磨製了十二個立面，每個立面上刻有若干銘文，通篇講的都是如何透過呼吸吐納來均衡體內氣息。

在氣化宇宙論框架下，宇宙由萬物組成，萬物又各自構成一個小宇宙。在這幅宇宙圖景中，人的特殊性，不在於人由「氣」組成，而在於其不僅由「氣」組成，而且擁有能動性。這就意味著，人不是被動地在萬物之中被「氣」纏繞，而是能夠根據氣態宇宙的結構和原理，主動地調節自己的小宇宙。這種調節，既有可能發生在人群之中，使統治者根據「氣」的運行狀態來安排社會人事；也可能發生在一個人自身之中，使他依循「氣」的運行原理，來治理調養自己的身體。由此，以「氣」為基礎的宇宙觀，不僅塑造了古代中國人看待宇宙、自然和社會的基本方式，而且也塑造了

他們看待自身身體的方式，並催生出一種獨具中華特色的醫療術：「氣功」。[18]

練「氣」不僅是一個人養護身體的手段，而且還是錘煉精神的必修課。行氣玉柲銘所記載的，可謂最早的氣功練習方法。馬王堆三號墓也出土了一套氣功練習圖例教材（圖2-10）。稷下學名著《管子》中《內業》、《心術上》、《心術下》和《白心》四篇文獻，則更充分講解了如何透過保持心中之「氣」均衡平和，來獲取看待事物的正確眼光，從而使事物以積極的方式被自己左右和掌控。

精英和民眾都相信，透過練「氣」，可以同時獲得身體與精神的雙重修養

2-10 行氣導引圖
（西漢）

湖南博物院藏

《行氣導引圖》復原圖

藉由練「氣」而同時獲得身體與精神的雙重修養，這種實踐不僅有醫學意義，而且具有明確的倫理道德含義。這就使得「導氣養生」的觀念，很容易從醫療術進一步發展為用途更為廣泛的修身術。這也是氣化宇宙論能夠在上自王宮貴胄下至一般民眾的各階層迅速受到歡迎的一個重要原因。

氣化宇宙論一經發明，就被古代中國人當作能夠解釋一切的普適原理。不僅如前所述，用於指導人事運作、精神涵養和生理照護，甚至被用來解釋宇宙萬物本身的生成過程。戰國形成的哲學文獻《易傳》，就依託氣化宇宙論構造了一個從混沌之氣中生出陰陽二氣、又從陰陽二氣中生出雷風水火山澤，最終化生出萬物的「宇宙生成論」模型。

氣化宇宙論可以說是一個古代中國版的「統一場理論」。它將可見與不可見世界的一切都納入自身框架，給予自洽解釋。在現代西方科學觀進入中國之前，氣化宇宙論的解釋力，長達二千多年都無可撼動，一直影響到清代。[19] 但也正因此，中國文化中的「氣」概念，在現代西方科學術語中也很難找到對應詞。它在含義上既指某種具體而縹緲的「物質」，同時又指一種能散發能量的「物質狀態」。[20] 李約瑟在某些場合中將「氣」翻譯為matter-energy，也許最接近「氣」在古代中國語境中的本意。[21]

西元前一八六年之後的二十年間，不幸陸續降臨在地處內陸的長沙國軑侯家。精緻的雲氣紋漆器終於派上了用場，透過「氣」的方式，在地下世界繼續幫助軑侯一家與宇宙萬物溝通互聯。這時，發源於渤海灣不遠處齊國臨淄地區的氣化宇宙論，已經流行了兩百多年。在這兩百多年中，滄海桑田，人事變換，中華世界從諸侯逐鹿走向天下一統，而獨奉法家的秦帝國也早已讓位給匯通諸學的西漢帝國。

一個以「氣」為構成根據、靠「氣」互通互聯的網狀宇宙，有機而充滿活性。它多樣但不乏統

一，各個部分互相交通感應，同時在互通互聯中構成嚴密而不可分割的整體。它在宇宙中賦予人以獨特的位置，使人處於聯通萬物的樞紐，承擔起重要的協調性責任。這個龐大而統一、有機而靈動的宇宙觀，為一個即將到來的、統一而強有力的新型權力組織方式做了觀念準備。

帝國

西元前二〇六年，剛剛成為漢王的劉邦問左右心腹，明明天上有五帝，秦帝國為什麼只祭祀其中白、青、黃、赤四帝？心腹們答不上來。劉邦故作恍然地說道：「我知道了，我就是那第五帝！」[22]

漢王遠遠低估了自己所提問題的深度。這番自我神化，不僅說明他沒有充分估計到自己野心的歷史分量，而且暴露出貧寒出身對一個人事業想像力的局限。若干年後，當回到家鄉小沛的漢高祖劉邦感慨地唱起《大風歌》時，他應該就不會覺得成為「黑帝」有什麼值得誇耀了。

當漢王還是漢王時，天下大概只有一個人曾真正觸摸到這個問題本來的深度。他就是曾經被劉邦遙遙窺望過的「大丈夫」秦始皇嬴政。

西元前二二一年，嬴政滅掉戰國最後一個主要諸侯國齊國。西周以來，天下終於再次一統。儘管不少大臣還有些糊塗，但嬴政卻很清楚，數代人連年殘酷征戰的結局，並不是為了締造另一個周王朝。[23]諸侯分封共治的周代治理體系必須廢止。只有依靠新的郡縣體制，才能將龐大恢宏的「天下」重新凝聚在一起。中國文明的帝國時代就此開始。

嬴政給自己的新身分選配了一個前所未有的尊號：「皇帝」。對一個小小諸侯王來說，夢想與天廷「五帝」並列，或許已經志氣不小。但在皇帝眼裡，「五」這個數量仍然太多了，只能令他不愉快地回憶起延綿數世紀的爭霸戰爭。這位皇帝的真正意圖，是要和「天帝」分治大地與天空。

帝國只能由層層累累的官僚系統來治理。各級公務人員之間依靠文書往來治理政務，傳遞著需求和命令，並以官印為信用憑證（圖2-11）。在這個系統中，皇帝可以說是最高官僚，對一切事務和系統本身的運行負最高責任。

如果說在周天子的時代，《詩經》所言「普天之下，莫非王土；率土之濱，莫非王臣」，象徵含義還遠大於實際，那麼到了帝國時代，依靠細密高效的官僚治理系統，普遍王權才算是真正有了落實。

西漢代秦後，經過四代皇帝的休養生息，劉邦的玄孫漢武帝劉徹，不僅真正見識到一個龐大而富庶的帝國所擁有的無上尊嚴，而且將這份權力運用到了極致。在他看來，如同普天之下只能有一個至尊君王那樣，遙不可及的天上也只能存在一個與其對應的至高神。西元前一三三年，漢武帝聽取亳人謬忌的建議，公開祭祀天上的最高神「太一」，並以「五帝」佐陪。[24]

其實，早在被漢武帝當作神靈祭祀之前，「太一」這個概念就已經存在很久了。比如著名出土文獻郭店楚簡《太一生水》篇，就將「太一」當作宇宙萬物生成的起點，類似於前面提到的混沌之「氣」。而在《楚辭·九歌》中，又以「東皇太一」的名稱來表示楚地流行的至上神祇。到了西漢文帝也就是武帝劉徹爺

2-11 銅鼻紐「瀤丘左尉」印
（秦）

故宮博物院藏

爺的時代，「太一」概念逐漸變成一個大雜燴，吸收了從大地天空到戰爭和平各個領域中的神祇因素（圖2-12），並專指至高神。

那麼，西漢帝國為什麼必須聳立一個作為至高神的太一觀念呢？這就要從秦漢帝國所面臨的一個共同難題說起。

為了將天下統一在一起，秦帝國自上而下建構起一套繁複嚴密的官僚體制，但秦始皇死後，這套官僚體制迅速失靈，秦帝國轟然倒塌。嬴政「萬世一系」的願望，最終在現實中變成「二世而亡」。

西漢帝國雖然從秦帝國制度中吸取了一些教訓，並且重新引入了帶有西周色彩的分封制度，但從根本上來說還是「漢承秦制」，維持了帝國體制，而沒有回歸西周政體。正因此，西漢帝國和秦帝國一樣，都得解決如何在帝國體制下維繫一個超大社會長治久安的問題。

仔細琢磨的話，這個問題其實包含了兩方面的含義。

一方面，經過漫長的春秋戰國時代，周的疆域早已分割為零散的區域治理單元。不同地區的民眾，在生活方式、觀念信仰和文化認同上，早已天差地別。如果沒有恰當的辦法，就無法將它們凝聚起來，整合出一個統一國家。秦的解題思路是實施嚴刑峻法，但事實卻表明，只要鐵腕稍有鬆懈，就立即分崩離析了。

另一方面，西周體制下的「中央」，不過是諸多王國中暫時擁有比較優勢的「中央之國」。一旦地方力量興起，或者自身實力衰落，天下一統的局面就會不可逆轉地喪失。帝國體制的最大優勢，就在於它能形成一個強有力的權力「中央」和真正的「全國性政府」。但問題在於，秦漢之前，天下人並沒有見過這樣一個新型權力結構。所以，如何讓天下人普遍認同接受這種前所未有的

西漢帝國爲什麼要立一個作爲至高神的「太一」觀念呢？西方漢學界將它譯爲 the Great Unity，可謂抓住了要害

2-12 太一將行圖（西漢）

湖南博物院藏

新政體，以致變成他們「日用而不知」的觀念信仰，就是一個事關帝國存續正當性的大問題了。

因此，對於西漢帝國來說，建政後最迫切的任務，就是要建立一個集中、統一、能夠吸收地區多樣性並開展有效管治的超大社會治理模式。要完成這項不能失敗的任務，政治、軍事、經濟、權謀等各種手段當然一樣也不能少。但這其中，文化手段異常關鍵，運用得好將產生事半功倍的奇效。

「太一」神觀念和信仰的確立，從根本上來說，就是要為這個超大帝國找到能夠將各個方面因素統一在一起的文化基礎。西方漢學界將「太一」這個概念譯為the Great Unity，可謂抓住了要害。[25]

文化融合對於帝國的意義，秦始皇其實十分清楚。比如，統一度量衡的政策，不僅有政治經濟含義，而且還有文化含義，說明秦始皇完全意識到，擁有統一疆域的帝國也必須同時擁有統一的導向性文化（圖2-13）。

個性強勢的秦始皇實在是太相信強力，任由鐵腕治理的思路蔓延到文化領域，而沒有機會像劉邦那樣，聽到大臣發出「只能馬上得天下，不能馬上治天下」的諍言。[26] 但是這並不等於說，他的身邊就沒人意識到頭腦的問題不能靠刀斧解決。

實際上，早在秦統一六國之前，極富眼光的丞相呂不韋就已經著手為即將到來的新帝國做文化準備。他很清

2-13「廿六年詔」陶權
（秦）

陝西歷史博物館藏

楚，強力也許能黏合出統一的疆域，卻沒法黏合出統一的頭腦。如果你無法打敗一個對手，那麼就必須吸收他。所以，帝國的文化策略應當是極具包容性的，要盡可能將那些在各個地域、不同人群中廣受尊敬的觀念充分加以肯定，悉心修改，然後加以吸收，納入帝國的整體文化中。只有這樣，信奉每一種觀念和信仰的人，才都能在帝國文化版圖上找到自己的位置，獲得生活的歸屬感。

於是，呂不韋依靠眾多有文化的門客，編纂出了一部大全集《呂氏春秋》（圖2-14）。這是一位自信滿滿的政治家為已經露出曙光的「大一統」帝國規劃的思想大綱。這部大全集既兼收並包，也不缺乏主線，通篇貫穿了呂不韋對理想君主施政風格的期待：奉行黃老道家，虛己高拱無為。

為天下一統提供文化方案的念頭，並非到呂不韋才產生。從春秋到戰國，儒、墨、法諸家，無一不懷抱「只要採取了我的理論，天下就能歸一」的心願，到處遊說有實力的諸侯王。這其中最為成功的大概屬戰國時期的陰陽家鄒衍。

鄒衍的學說，從宏大無比的宇宙一直說到幽微具體的人事，從陸地深處一直說到大洋盡頭，從可見世界一直說到不可見世界。這些由小及大、由近及遠的思想，龐雜但不混亂，始終貫穿著一個根本原則，這就是「五行相克」原理。[27]

對於鄒衍來說，五行相克不僅是一種對世界的理論解釋，更帶有對未來的預測功能。也許正是這種預測性，使鄒衍思想在諸子百家中脫穎而出，對困溺於塵世命運巨大不確定性之中的諸侯產生了巨大吸引力。鄒衍的事業也因此相當成功。他所到之處，待遇都顯赫得無以復加。

鄒衍這套既有解釋力又有預測力的五行相克原理，被充分吸收到《呂氏春秋》中。依託陰陽五行學說，呂不韋在這部書的「十二紀」部分，以一年為一個週期，細緻闡釋了君主應當如何行事，才能跟宇宙萬物的運行好好的搭配在一起，從而為國家招福避禍。

《呂氏春秋》貫穿了對理想君主施政風格的期待：奉行黃老道家，虛己高拱無爲

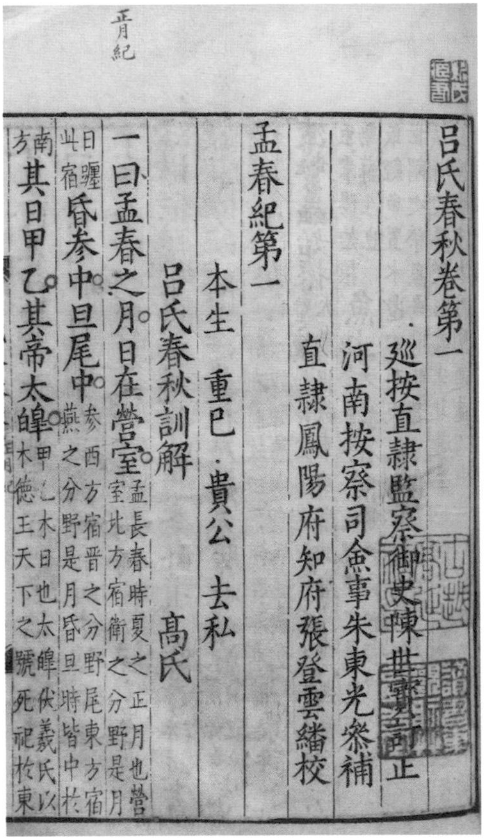

2-14 萬曆間張登雲刊本《呂氏春秋》（明）

美國國會圖書館藏

我們不知道呂不韋編寫「十二紀」的真實用心，但的確很難忽略這樣一個事實：既然「十二紀」宣稱君主的行為必須配合宇宙萬物運行之道，那麼反過來說，宇宙萬物運行之道豈不也約束了皇帝那些充滿私欲的行為？對此，像嬴政這樣精明的君主，又怎麼可能看不出來？

西元前二三五年，還沒有來得及看到大一統帝國模樣的呂不韋，在飽受嬴政羞辱後，憂懼交加，飲鴆自殺。十四年後，嬴政成為始皇帝；又過了十四年，他的帝國徹底崩塌。在此期間，嬴政沒有一天聽從過「十二紀」的指令。這是一部從頭到尾都完全一廂情願的約束性文件。[28]

也許是對大一統之後的人間君主能否恰當駕馭過於強大的權力缺乏信心，在帝國體制還在繈褓之中時，以「天」道來約束皇帝的意圖，就若隱若現地出現在古代中國思想世界中。呂不韋在這方

面顯然是一個不成功的先知。一百年後，劉邦之孫、第二代淮南王劉安效仿呂不韋，聚集起門客，編寫了《淮南鴻烈》。

這部書同樣以黃老道家思想為宗旨，兼收並包諸家學說。不同在於，劉安編寫這部書的目的，矛頭直指年輕好動的當朝皇帝劉徹。在某種意義上，這部書其實既有批判劉徹所作所為之意，又是將他重新引導到「虛己無為」好皇帝道路上的「君主寶鑑」。

但堂叔劉安不免有些托大，低估了皇帝劉徹的意志決心。西元前一二三年，治家無方、治郡國無方、蠻橫偏執又優柔寡斷的劉安，竟然起兵謀反了。這場猶如鬧劇的叛亂很快被平息。之後劉安自殺，淮南國被廢為九江郡。《淮南鴻烈》最終淪為又一部「古今圖書資料彙編」。這是先秦兩漢時期黃老道家視角的最後一部「君主寶鑑」。接下來，儒家就要登場了。

對於皇帝來說，「舉賢良，求方略」這類事，既能在人才察舉方面彌補掛漏，還可以向天下展示自己唯才是舉的胸襟，所以劉徹對此樂此不疲。西元前一三四年，漢武帝下詔「舉賢良」。這一次，廉潔而正直的儒學博士董仲舒抓住了機會，給皇帝呈上一份《舉賢良對策》。

這份文件堪稱歷史上第一份儒家視角的帝國治理術大綱。它充分吸收陰陽家思想，對孔子以後的儒學思想做了重大改造，降低其中的理性化比重，將其與先秦以來形成的萬物交感思想相雜糅，發展出一套「天人感應」學說。稍後，依託這個新式儒學理論，董仲舒建議皇帝「廢黜百家、獨尊儒術」。

表面上看，天人感應學說是延續了在自然世界和社會人事中建立關聯的傳統宇宙論思想。但是，它在理論重心上卻悄悄將「交感」改造為「感應」。這樣一來，「天」就不再是與「人」互動的平等對手，而是對「人」的品德和行動加以啟蒙引導，並時時開展監督考核的嚴肅師長。對於

「天」來說，已經設定的各項規範是不容違背的，否則就要降下「災異」，用以敲打自己卑微膽怯的學生。實在必要時，災異甚至會強大到徹底摧毀現存社會人事結構的地步，從而導致皇權更替、改朝換代。當然，這位老師也並非只罰不賞。如果「人」的品德和行動能始終滿足「天」的要求，那麼「天」也會降下「祥瑞」，以茲嘉獎。

在董仲舒的天人感應思想中，「人」必須迎合「天」，並且惶惶不安地生活在對「災異」的恐懼和對「祥瑞」的期待之中。雖然皇帝作為「人」的最高代表，自然是萬民臣服的對象，但他與「天」的關係，卻並不是平起平坐的雙頭至尊。「天」規範了他的統治責任和義務。無論他是否願意，也都只能接受透過「災異」和「祥瑞」所傳達的天意。就此而言，皇帝的言行舉止無疑受到「天」的約束。

那麼儒生呢？他們在這幅圖景中扮演什麼樣的角色？在匯集了董仲舒一生思想的作品集《春秋繁露》中，這位勇敢的儒生宣布，人間最偉大的儒者孔子，其實並非顛沛流離的飽學之士，而是一位受命於天卻從沒有王座的「素王」。[29]他是真正「得命於天」的人間君王。作為他的後嗣，儒生群體存在的最高意義和價值，就是說明皇帝認識到「天」對人事的干預和指導，幫助皇帝不斷將行為調整到「天」的要求上來，以便避免「災異」，迎接「祥瑞」。[30]

受這種信念的鼓舞，儒生們信心滿滿。只要天命在茲、道義在茲的信念足夠堅強，就能令他們將一生的不得志視如煙雲。以「素王」孔子為楷模，此世這一點小小的挫折又算得了什麼？

西元一五一年，住在山東嘉祥的另一位不得志的儒生武梁死了。臨死之前，他為自己建造了一座偉大的祠堂。由西向東、從下到上，這座祠堂裝飾了精美的漢磚壁畫，描刻著祥瑞、神靈、明君、義士、忠臣、孝子的圖案，表達了天、地、人的和諧。在東壁畫最下層左角，也就是整個壁畫敘事行將結束的地方，隱藏著一位富有尊嚴卻未受官位的儒生。他莊嚴地坐在牛車裡，永遠地接受地方官員的致敬。這位儒生，就是武梁自己（圖2-15）。[31]他的這幅圖像簽名，在某種意義上也是兩漢儒生對自身價值的經典定位。

然而，儒生的想法是一回事，皇帝的想法往往是另一回事。董仲舒先後給漢武帝呈送了三份建議，合併為「天人三策」，收入《漢書．董仲舒傳》中。但漢武帝並沒有真正重視過這些話，不僅不打算重用這位明顯有著道德潔癖的博學大臣，甚至偶爾還不懷好意地故意將他置於危險境地之中。

就像呂不韋沒有靠「十二紀」約束住嬴政一樣，董仲舒也沒有靠「天人感應」約束住劉徹。[32]不過，政治生涯的失敗並沒有削弱董仲舒作為天下大儒的地位。西元前一〇四年，兩漢儒學宗師董仲舒去世，但他的思想影響力才剛剛開始。天人感應、災異祥瑞的觀念，在兩漢之際日漸深入人心，成為上自皇親貴族、下至黎民百姓的共同信仰。

天人感應思想在兩漢的影響力，我們今天從《漢書》和《後漢書》中就可以直觀感受到。滿目的「祥瑞」與「災異」記錄，讓你誤以為這個星球當時發生了什麼了不得的環境突變。[33]但其實，這只是在天人感應觀念的擺布下，人對環境變化的敏感度日益尖銳的後果。[34]

這種敏感當然也會在皇帝的內心中經年累月地疊加。[35]隨著帝國治理能力的日益衰弱，皇帝的主觀心境與客觀政局不斷互相強化，終於發酵出對於承擔統治責任的恐懼。西元前五年，已經被各處呈送的「災異」報告弄得心力憔悴的漢哀帝，從內心深處感到帝國大勢已去。巨大的無能為力感壓垮了這位皇帝最後的心智，他推倒已經苦心經營超過兩百年的帝國統治正當性，宣布自己要從「天」的手中「再受命」。

武梁是一位不得志的儒生。臨死之前，他爲自己建造了一座偉大的祠 堂。在東壁畫最下層左角，隱藏著一位富有尊嚴卻未受官位的儒生：他莊嚴地坐在牛車裡，永遠地接受地方官員的致敬

2-15 **武梁祠**（東漢）
東壁畫像拓本

臺北「中央研究院」藏

宋徽宗繪製《瑞鶴圖》，記錄下北宋帝國最後的「祥瑞」。「祥瑞」和「災異」，實在是「天人感應」觀念之下，人對環境變化日益敏感的結果

這一行動的實際意義無疑是自殺性的。雖然兩個月後總算反應過來了的漢哀帝撤回了「再受命」詔書，但天下人卻都已經看出，既然連皇帝自己都覺得改朝換代的時候到了，那麼漢室傾塌大概就在眼前。於是，皇帝收到的「災異」報告越來越多。與此同時，一位大臣發現，勸他稱帝的「祥瑞」也越來越多。西元八年，王莽結束了西漢國祚，篡位稱帝。雖然這位古往今來最大的偽君子飽受後世指責，但他本人卻是「天人感應」的忠實信徒，直到十五年後被綠林軍殺死的那一天，都還堅信這一稱帝舉動應和了「祥瑞」。[36]

經過兩漢帝國的涓滴，「天人感應」逐漸融入了古代中國思想文化的血脈。許多年後，面對著壓境而來的金軍，中國歷史上最有藝術天賦的皇帝宋徽宗趙佶，仍然能沉穩地拿著筆，勾畫一團團花鳥、一座座江山。心思細膩的宋徽宗並非真的已經昏聵到醉生夢死的境地，他其實是在盡一個無能為力的皇帝最後的職責。他要用畫筆為苟延殘喘的帝國記錄下最後的「祥瑞」（圖2-16）。[37]

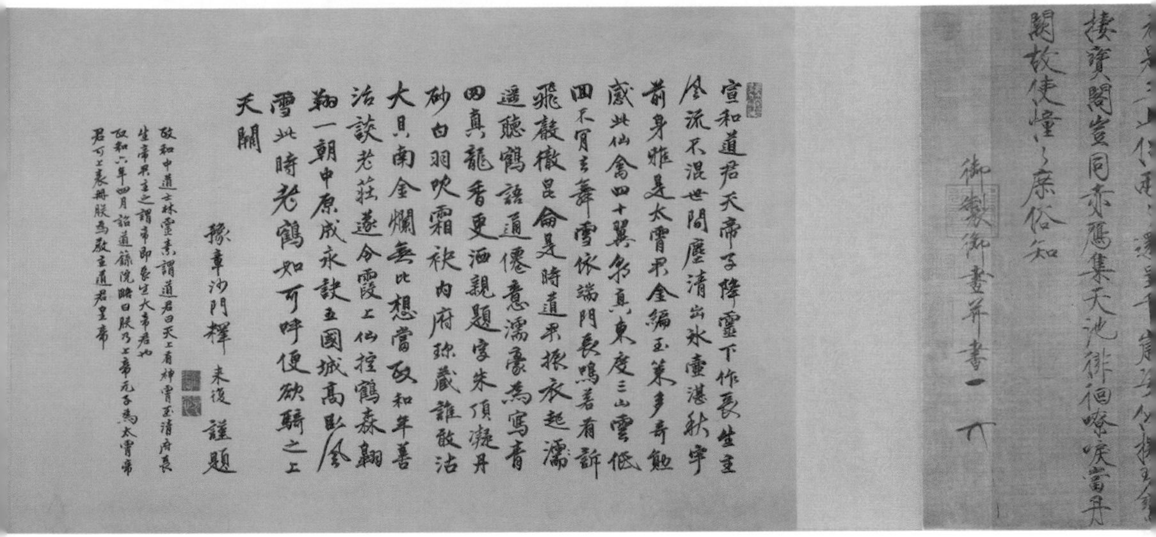

2-16 瑞鶴圖（北宋）

遼寧省博物館藏

離董仲舒向漢武帝獻「天人三策」，這時已經過去了十二個世紀。觀念在誕生最初也許毫無力量，但誰又能想到，千年之後，它仍能如此深刻地左右一位人間君王？

仙境

西元前三年，也就是漢哀帝建平四年，對於飽受災異折磨的西漢帝國來說無疑雪上加霜。前一年較晚的時候剛剛發生了地震，此刻剛過正月卻又出現了日食。在天人感應觀念中，這都是大災異的徵兆。巨大的精神壓力終於壓垮了本已惶惶不安的帝國民眾，使他們集體陷入「末日心態」中。於是，一場持續三個月之久、綿延天下三分之一郡國的大事件突然爆發。這就是「行西王母詔籌」事件。

根據史書記載，從這年正月開始，關東二十六郡國的民眾，舉止怪誕，行事詭異。一夜之間，人們全都佩戴上一根根小小的禾稈，並且彼此間傳播謠言，說如果不這樣做就會有災禍降臨。其中的數千人更加激進，他們赤腳散髮、衝關越卡、破圍翻牆，連奔帶跑地竄入帝國首都長安。

時間很快就到了夏天。每到夜晚，他們就登上屋頂、點燃火把、敲鼓喊叫，似乎在透過什麼神祕儀式，來表達對「西王母」的崇拜。整個事件從發端到收場，猛烈而自發，但具體目標卻始終模糊不清。到了秋天，一切戛然而止。

在這場自始至終都顯得有點莫名其妙的社會事件中，民眾毫無疑問將西王母當作了有救贖法力的神來崇拜，在想像的世界中賦予她某種改變世道和時運的權能。

但「神」化的西王母觀念，其實並不為當時的上層精英所接受。[38] 實際上，西元前三年這一事件中所湧現出的西王母觀念，是一個奇怪的文化特例。無論是甲骨文中第一次出現「西母」這個詞，還是在後來的《山海經》、《莊子》或者《淮南子》中，「西王母」都不像西方文化中的耶穌基督那樣，是一位「救贖論」意義上的「神」。她只是一位「仙」。

儘管今天的漢語常常將「神」與「仙」並稱，但從字源含義上說，「神」與「仙」其實是兩個不同的概念。「仙」是「不朽」的人，「神」則屬於某個高高在上又脫離人境的領域。在佛教進入中國之前，救贖論意義上的「神」，這個觀念在古代中國思想文化中並沒有位置。作為「仙」的「西王母」，仍然生活在我們這個宇宙時空中的某個地方，擁有自己充滿樂趣的物質性家園。

兩漢時期的圖像和文字藝術，酷愛表達西王母的物質生活方式（圖2-17）。在圖像中，她經常坐在「仙草」靈芝的冠蓋上，被奇妙而善良的禽獸比如九尾狐、三足烏、白鹿、白虎、玉兔以及蟾蜍所環繞，接受著它們的侍奉和服務。而在文字想像中的西王母則被進一步賦予了充沛的感受能力，不僅穿戴精美的衣服和飾物，比如她的標誌性頭飾「勝」（織機機牙，輪狀），還酷愛吃喝取用美妙的食物和飲料，比如鳳凰蛋和甘露。[39]

從《淮南子》開始，西王母的仙境家園，就與一個叫作「崑崙」的地方關聯起來。崑崙本是西域一片峻嶺的名稱，是地理意義上的真實存在。但它離中原實在太過遙遠，對於秦漢時人而言，屬

西王母經常坐在「仙草」靈芝上，被奇妙而善良的禽獸環繞。雖然她被膜拜，但不是西方救贖論宗教意義上的「神」。她只是一位「仙」

2-17 西王母樂宴圖（局部）

原畫藏於陝西定邊郝灘漢墓

於只有靠神話和傳說才能感受和理解的地方。這塊魅影重重的土地，對夢想著如西王母般成「仙」的漢武帝劉徹格外具有吸引力。西元前一三八年，當武帝決定派日後名垂青史的大臣張騫出使西域，除檯面上的政治軍事理由，還潛藏著尋找西王母、求取不死藥的隱祕動機。

起碼在這個時候，漢武帝心目中的成仙，與他的前輩秦始皇嬴政晚年孜孜以求的東西沒有什麼區別，都是尋找「不死」之道。「凡人不死」，這是古代中國觀念中「不朽」的第一種含義。這種不朽觀念的最高目標，是讓一個人的生物狀態懸止於成「仙」的那一刻，然後無限延伸下去，直到地老天荒。達到這個目的需要一些必要的技術手段，比如嗑丹藥、練氣功、登「仙」山，以及求助於號稱掌握了「不死術」或者能與「仙」溝通的方士。

「仙」住在山上。這是從戰國時期開始就流行的一種觀念。漢武帝不僅派人前往西域崑崙山求仙，還親自登上泰山之巔舉行隱祕的封禪儀式，或者前往盛行此道的古齊地海邊。直到去世前兩年，他還再一次去了東萊，站在大海邊，眺望想像中的仙山，久久不願離開。[40]

在皇帝的親自帶動下，成仙的熱情很快風行於整個帝國。但直至西漢中期，也只有見「仙」就求的漢武帝才會將西王母納入修仙事業的關注範圍。當時帝國各階層的大部分民眾還沒有普遍信仰這位西域之「仙」。對他們而言，真正值得仰慕的「仙」，還是如古齊方士所說，都住在東海中的蓬萊島上。為了縮小想像中的海上仙山與實際生活之間的距離，這一時期，一種故意將爐蓋造成「山」型的熏香爐日漸風靡。[41]

我們今天在許多博物館都可以看到這種叫作「博山爐」的器物。它們的材質和造型繁簡度各有不同，不僅無聲訴說著當初物主社會地位和財富水準的巨大差異，也從一個側面說明「成仙不朽」對於每一個凡夫俗子的巨大吸引力。迄今發現的博山爐中，最精美的一件發掘於河北滿城漢墓，主

人是中山靖王劉勝（圖2-18）。

這件博山爐通體錯金，精巧異常。它以雲紋圈足環繞鏤空海水，引出三條水中騰龍，托舉起爐盤。雲紋爐盤上，是山巒形爐蓋。山巒間點綴小樹，虎豹靈猴遊走其中，獵人則追逐著自己的獵物野豬。整體圖像充滿「仙」山野趣。更加巧妙的是，地勢起伏中悄悄安排了一個個小縫隙，一旦點燃香霧，煙氣就翻騰出來，使整個爐蓋更顯神祕靈動。劉勝生前應該非常喜歡這件器物，以至即便不能生前靠它成仙，也決定死後讓它陪葬。人群中不死欲望最大的始終是皇帝。他們求助了不計其數的方士，又一次次帶著被騙後的失望情緒砍掉這些人的腦袋。

中山靖王劉勝一定非常喜歡這件「博山爐」，以至即便不能生前靠它「成仙」，死後也要讓它陪葬。在當時，「成仙不朽」對於每一個人都有著巨大吸引力

2-18 西漢錯金博山爐

河北博物院藏

靡費資源、耗盡人力的求「仙」，有時候讓大臣都看不下去。他們變著法子表達自己的勸誡。文采卓越的司馬相如，就頗費心思地撰寫了一篇《大人賦》。在這篇文章中，司馬相如用文字展現了一個只有透過現代ＶＲ技術才能塑造出來的、充滿畫面感的成仙之路。這條路上的艱難困苦不必多提，關鍵是即便終於到達崑崙仙境，所看到的也不過是蒼老白髮的西王母在三足烏的陪伴下，寂寞地守著自己冷清的山洞。[42] 司馬相如希望漢武帝能夠明白，活得久並不等於活得好，生命的長度並不等於生命的品質。一個人就算歷經艱苦最終成仙，等待他的生活也終歸不值一過。

要撲滅皇帝的永生欲望，靠幾篇文章是遠遠不夠的。只有死亡本身，才能讓他們接受「凡人皆有一死」的真相。晚年極端懼怕死亡而又求仙不得的漢武帝，在輕信讒言無端發動「巫蠱之禍」逼死太子後，才終於意識到人生恍如朝夕、自己必死無疑。

雖然永生毫無可能，但成仙之路也並不因此就會中斷。一種更加複雜，也更加具有文化意義的不朽觀念由此產生：死後成仙。依照這種觀念，死亡並非只是對生命狀態的否定，它也是一扇門、一個轉換通道。就一個凡人而言，死亡的確是他「今生」必然的歸宿，但意外在於，「另一種可能生活」也許才剛剛開始。

聽起來有些迷信的「死後成仙」，其實並不只是古人頭腦簡單的一時幻念。這個觀念的背後有著豐厚的哲學觀念基礎，它是有知識的古代中國人依靠氣化宇宙論，對人體機能和生命本質加以理性反思的結果。在一定程度上，它補償了天人感應思想的一個重大不足：沒有為「人死後歸於宇宙何處」這個問題預留適當位置。[43]

「死後成仙」背後的哲學觀念，根植於遠早於秦漢的古老「魂魄」學說。西元前五四三年，鄭國大臣伯友叛亂失敗，戰死在城中大街上。八年後，鄭國突然出現一則謠言，說伯友此刻正化為厲鬼，在城中為非作歹。仁義厚道的鄭國大臣子產採取措施，封立伯友後代，總算平息了這件事。不久，子產到晉國訪問，對此事很好奇的趙景子問他：伯友難道真變成了鬼？子產回答說：人身上有兩個部分，分別是「魂」與「魄」。如果一個人活著時吃得好喝得好，死後他的「魂」、「魄」就更加難以消散離體。考慮到伯友的家世條件，死後為鬼，魂魄難散，是可以理解的。[44]

這場對話記錄在《左傳．昭公七年》中。子產的觀點明顯帶有精英主義色彩。但他對人體機能所採取的結構化理解，深刻影響了後來儒家的靈魂學說。[45]到了《禮記．郊特牲》中，儒家的思想家又進一步使之與氣化宇宙論和陰陽學說結合起來，明確提出「魂氣歸於天，形魄歸於地」的說法。

從子產觀點發展出來的「魂魄二元論」，最遲到漢代，就已經成為上層精英的共同知識和信仰。[46]在這種觀點看來，活著的人的「魂」和「魄」統一於健康的身體之中，是知識和智慧的源泉；而對於一個死了的人，雖然「魄」將隨肉體的湮滅一同墜入永恆黑暗之中，「魂」則未必如此。只要經過恰當的禮儀和環境安排，「魂」最終有望離開埋葬著肉體的地下世界，登入天界，繼續過一種充滿智慧和能動性的「生活」。[47]

「死後成仙」信仰的核心，是「魂」的升天。西漢乃至早至戰國時期的墓葬中，經常以圖繪的亭、門、窗等方式來表達死亡作為通往「另一種生活」的「門檻」的意義。[48]在跨過死亡這個門檻之後，「魄」與將要朽敗的身體一起留在地下，但「魂」還將繼續踏上一段新的希望之旅，直到抵達死者生前夢寐以求的仙境。

馬王堆一號墓出土的、也許是用作「旌銘」的著名T型帛畫，就是這些思想的經典表達（圖2-19）。[49]帛畫上的圖案無比明確地呈現了「地下—人間—天堂」三層生存空間。人間莊重肅穆，

帛畫清晰呈現了「地下—人間—天堂」的三重生存空間。「黃泉」不僅有秩序，而且尊重產權

2-19 **馬王堆一號墓帛畫**
（西漢）

湖南博物院藏

天堂端莊和諧。軑侯夫人在雲霧升騰中接受子孫的祭拜，即將進入天堂的門檻。偉大而至上的神「太一」則由日月拱衛，端坐在畫面的最上方正中間，垂視整個仙境。帛畫的作者希望軑侯夫人的「魂」，在那裡找到最後的應許之地。

有趣之處在於，當「魂」踏入仙境時，「魄」也並非只困鎖於潮濕與陰暗的地底。軑侯夫人的孝子賢孫們，為她即將入壙的「魄」考慮得十分周到。他們在槨的周圍安排了大量的美食、美酒、熏香和精巧用具，甚至還準備了一支歌舞樂團。在樂團的對面，越過包裹著軑侯夫人的四重棺，安頓著一張沒有主人的坐席。坐席前的案几上準備好了全套餐飲用具。孝子賢孫們不遺餘力，為軑侯夫人的「魄」能繼續人間未完成的精彩生活創造著條件。

西元前二世紀，「地獄」觀念在古代中國文化中還未形成。根據楚地的信仰，「黃泉」毋寧說有點像一個「水世界」。就像這幅T形帛畫所表現的那樣，裡面住著大魚，而原始的神則奮力托舉著浮於水面的四方大地。但與此同時，一種新的地下世界觀念也在萌芽。馬王堆一號墓和三號墓都有「遣策」出土。這是一種孝子賢孫幫助墓主向掌管幽冥世界的地下官員申報和主張財產的法律檔。這些遣策表明，早在西漢初期，人們就已經根據帝國行政制度，將黃泉想像成一個依靠官僚系統運作的複雜世界。那裡不僅有秩序，而且尊重產權。

三百多年之後，一個司法化的「陰間」觀念日漸成型。活人所想像的地下世界，變得越來越像一個人間監獄。人們甚至像為仙境指派真實地理位置一樣，將它安排在泰山。[50] 從此，死者離開此世之後的首要目標，不是尋求「死後不朽」、登入仙境，而是要盡最大努力避免墜入可怕的地獄深淵。接下來，佛教即將進入中國。到那時，「因果」思想將進一步強化人們對註定要踏過死亡門檻的恐懼，而古代中國的宇宙、天堂與人世觀念，從此也將為之大變。

秦漢帝國時期的宇宙和生死觀念，在儒家孝道思想的推波助瀾下，表現為社會生活中廣泛存在的「厚葬」行為。在鄉里鄉親的輿論環境中，為了博得「孝子」的名聲，人們不惜「發屋賣業」來埋葬自己的先人。對此，西元一世紀，矜才負氣、性格古怪的東漢小吏王充，用疾世憤俗的言論，觸碰到一個至關重要的哲學問題。他指出，人死之後繼續「生活」的前提，是「魂」、「魄」必須擁有智慧，但氣化宇宙論其實恰恰對此未置一詞。如果「魂」、「魄」沒有智慧，那麼子產和他的思想後嗣就都是錯的。人死不為「鬼」，而盡孝道的最佳時機，就在祖輩活著的當下。

偉大的唯物主義者王充當然是對的。但奇妙和矛盾也恰恰在於，如果沒有一次次追求永恆和不朽的觀念試驗，那麼古代文明也就不可能以物質的形式，在時空流轉中雕鑿出痕跡。正是憑藉那些曾被深信的錯誤觀念，秦漢帝國的生活、觀念和信仰才得以掩埋在大地中，以至於兩個千年之後，甚至更遙遠的以後，我們和我們的後人，依然能夠觸摸我們祖先生活的溫度，感受他們的悲傷與歡樂、恐懼與希望。

註釋

1 《史記．天官書》：「五星分天之中，積於東方，中國利；積於西方，外國用（兵）者利。五星皆從辰星而聚於一舍，其所舍之國可以法致天下。」

2 馮時：《文明以止：上古的天文、思想與制度》，中國社會科學出版社，二〇一八年版，第13－42頁。

3 《史記．天官書》：「斗為帝車，運於中央，臨制四鄉。」

4 馮時：《文明以止：上古的天文、思想與制度》，中國社會科學出版社，二〇一八年版，第18頁。

5 參考馮時：《星漢流年》，四川教育出版社，一九九六年版，第160－186頁。

6 曾侯乙墓的發掘報告最初將其當作一個字，此說產生了很大影響。參見：《曾侯乙墓》（上），中國社會科學院考古研究所編輯，文物出版社，一九八九年版，第354頁。李零先生後來經過嚴密考證，認定此為二字合成。參見李零：《李零自選集》，廣西師範大學出版社，一九九八年版，第250頁。

7 馮時：《文明以止：上古的天文、思想與制度》，中國社會科學出版社，二〇一八年版，第41頁。

8 《史記．秦始皇本紀》：「以水銀為百川江河大海，機相灌輸，上具天文，下具地理。以人魚膏為燭，度不滅者久之。」

9 巫鴻：《禮儀中的美術》，生活．讀書．新知三聯書店，二〇一六年版，第645頁。

10 根據魯惟一的考證，規矩鏡的紋樣經過了五行宇宙論、尋找永生、西王母崇拜等主題的變化，與兩漢知識和信仰的發展變化基本一致。其中五行宇宙論的流行主要集中在西元前五十年以後的一百多年間。參見Michael Loewe, Ways to Paradise, George Allen and Unwin, 1979, Chap.3。此外，魯惟一還認為TLV鏡是仿效典型化的式樣，選取天、地盤處於最佳位置，使之固定化，藉以溝通天人，祈降福祉。

11 儘管許多學者已經達成共識，認為TLV鏡象徵宇宙縮影，並且普遍同意V形紋表示天的邊界，但對於L和T形紋的含義，則尚存在分歧。

12 如果細分的話，出土文物中可見的漢代雲紋樣，包括了雲氣紋、擬物雲紋和雲膚紋三種。其中雲膚紋是《後漢書．輿服志》所記專為王公貴族所用的雲紋，它的典型物證，是馬王堆一號漢墓出土的「黑地彩繪棺」。參見練春海：《漢代壁畫與中國古人的元氣觀》，《民族藝術》，二〇二〇年第五期。

13 據學者考證，六博棋類型大約有七種之多。參見黃儒宣：《六博棋局的演變》，《中原文物》，二〇一〇年第一期。

14 李零：《中國方術正考》，中華書局，二〇〇六年版，第127頁，第133－135頁。

15 大概正因為如此，到三國時，尤其在富庶的東吳地區，六博棋已經完全演變成賭具。為此，吳國太子孫和命令自己的大臣韋昭寫作《博弈論》勸導世人。其中就提到：「今世人之多不務經術，好玩博弈，廢事棄業，忘寢與食，窮日盡明，繼以脂燭。」

16 參見佚名：《海昏簡牘中發現千餘枚漢代「六博」棋譜》，《文物鑑定與鑑賞》，二〇一九年第二期（下）。

17 從文字學上看，「氣」字要到戰國初期才開始出現在青銅器銘文上。雖然從殷商卜辭到春秋銘文，都可以發現一些類似於「氣」的字，它們都指的是經驗中可觀察到的氣化物理現象，如此處提到的煙氣、蒸汽、雲氣、霧氣、呼吸吐納之氣等等。「氣」作為一個抽象哲學概念，被當作解釋宇宙萬物的基礎結構，這是戰國時期稷下學宮的思想成就。參見李存山：《中國氣論探源與發微》，中國社會科學出版社，一九九〇年版，第21－30頁。

18 基於氣化宇宙論觀念，稷下學派著作《黃帝內經・素問・舉痛論》中明確說道：「百病生於氣。」

19 張岱年：《中國哲學大綱》，中華書局，二〇一七年版，第87－101頁，以及第128－142頁。

20 日本學者小野澤精一在一項精彩的研究中指出，中國的「氣」概念傾向於作為生命基礎的運動能量、含有具體性的實質、與外貌有關的東西，用以描述組成人和自然的生命、物質運動能量。參見小野澤精一等編：《氣的思想》，李慶譯，上海人民出版社，二〇一四年版，第4－5頁。

21 轉引自李存山：《中國氣論探源與發微》，中國社會科學出版社，一九九〇年版，第125頁。

22 《史記・封禪書》：「二年，東擊項籍而還入關，問：『故秦時上帝祠何帝也？』對曰：『四帝，有白、青、黃、赤帝之祠。』高祖曰：『吾聞天有五帝，而有四，何也？』莫知其說。於是高祖曰：『吾知之矣，乃待我而具五也。』」

23 李峰：《西周的滅亡：中國早期國家的地理和政治危機》，上海古籍出版社，二〇一六年版，第297－316頁。

24 《漢書・志・郊祀志上》：「亳人謬忌奏祠泰一方，曰：『天神貴者泰一，泰一佐曰五帝。古者天子以春秋祭泰一東南郊，日一太牢，七日，為壇開八通之鬼道。』於是，天子令太祝立其祠長安城東南郊，常奉祠如忌方。」

25 一個例子，參見Jessica Rawson, "The Eternal Palaces of the Western Han: A New View of the Universe", Artibus Asiae, 1999, pp.5－58.

26 《史記・酈生陸賈列傳》：「陸生時時前說稱《詩》、《書》。高帝罵之曰：『乃公居馬上而得之，安事《詩》、《書》！』陸生曰：『居馬上得之，寧可以馬上治之乎？且湯武逆取而以順守之，文武並用，長久之術也。……』」

27 《史記・孟子荀卿列傳》：「其語閎大不經，必先驗小物，推而大之，至於無垠。先序今以上至黃帝，學者所共術，大並世盛衰，因載其禨祥度制，推而遠之，至天地未生，窈冥不可考而原也。……以為儒者所謂中國者，於天下乃八十一分居其一分耳。」

28 參見徐復觀：《兩漢思想史》（第二卷），九州出版社，二〇一四年版，第72－77頁。

29 馮友蘭先生指出，孔子究竟是一個學者還是一個受命於天的王，這是古文經學與今文經學的根本分歧點；孔子究竟是一個人還是一個神，這是古文經學與讖緯的根本分歧點。參見馮友蘭：《中國哲學史新編》（中卷），商務印書館，二〇二〇年版，第201頁。

30 史華茲指出，儒生的作用並不是「控制」自然，而是透過「調配」人事與自然的關係，可以極大擴展對人事運作方向的控制力。參見〔美〕史華茲：《古代中國的思想世界》，程鋼譯，江蘇人民出版社，二〇一三年版，第379頁。

31 巫鴻：《武梁祠：中國古代畫像藝術的思想性》，生活．讀書．新知三聯書店，二〇一五年版，第227－231頁。

32 史華茲指出，由於漢武帝對於直接與超自然世界溝通的欲望到了無節制的地步，董仲舒宇宙論中所表達的禁止與限制作用的「天人感應」學說就顯得令人震驚而意義非凡。參見〔美〕史華茲：《古代中國的思想世界》，程鋼譯，江蘇人民出版社，二〇一三年版，第387頁。

33 但也有學者認為，西漢末期中國東中部地區氣溫有所變冷，平均氣溫約比漢初低攝氏一點六度，對農業的影響不可謂不大，以至於達到《漢書．孔光傳》所載「陰陽錯謬，歲比不登，天下空虛，百姓饑饉」的地步。參見葛全勝：《中國歷朝氣候變化》，科學出版社，二〇一一年版。

34 參見陳侃理：《儒學、數術與政治：災異的政治文化史》，北京大學出版社，二〇一六年版。

35 兩漢共十八位皇帝頒布罪己詔，其中六十次與「災異」有關。參見郗文倩：《漢代的罪己詔：文體與文化》，《福建師範大學學報（哲學社會科學版）》，二〇一二年第五期。

36 王莽在某種意義上是一個篤信「天人感應」的人。即使在兵敗垂成之際，他也深信自己是天心所向，而且主動迎合「天」意到了令人瞠目的地步。史書記載，在最後的時日裡，王莽要天文官端著式盤，隨時測算天象，而自己則根據北斗斗柄所指，調整座位方向。《漢書．王莽傳》：「天文郎桉栻於前，日時加某，莽旋席隨斗柄而坐，曰：『天生德於予，漢兵其如予何！』」

37 〔美〕伊沛霞：《宋徽宗》，韓華譯，廣西師範大學出版社，二〇一八年版，第220－224頁。

38 參見邢志南：《先仙後神：西王母民間信仰傾向》，《中國社會科學報》，二〇一九年1月10日第8版。

39 Michael Loewe, Ways to Paradise, George Allen and Unwin, 1979, hap.4.

40 《資治通鑑．卷二十二》：「上行幸東萊，臨大海，欲浮海求神山。群臣諫，上弗聽；而大風晦冥，海水沸湧。上留十餘日，不得御樓船，乃還。」

41 博山爐的形成，也跟香料變化有關。孫機：《中國古代物質文化》，中華書局，二〇一四年版。

42 司馬相如《大人賦》:「登閬風而遙集兮，亢烏騰而一止。低回陰山翔以紆曲兮，吾乃今目睹西王母?皬然白首，戴勝而穴處兮，亦幸有三足烏為之使。必長生若此而不死兮，雖濟萬世不足以喜。」

43 Michael Loewe, Ways to Paradise, George Allen and Unwin, 1979, pp.8－9.

44 《左傳・昭公七年》:「鄭人相驚以伯有，曰：伯有至矣，則皆走，不知所往。鑄刑書之歲二月，或夢伯有介而行，曰：壬子，余將殺帶也，明年壬寅，余又將殺段也。及壬子，駟帶卒，國人益懼。齊燕平之月，壬寅，公孫段卒，國人愈懼。其明月，子產立公孫洩及良止以撫之，乃止。子大叔問其故，子產曰：鬼有所歸，乃不為厲，吾為之歸也。大叔曰：公孫洩何為?子產曰：說也，為身無義而圖說，從政有所反之以取媚也，不媚不信，不信，民不從也。及子產適晉，趙景子問焉，曰：伯有猶能為鬼乎?子產曰：能。人生始化曰魄，既生魄，陽曰魂，用物精多，則魂魄強，是以有精爽，至於神明。匹夫匹婦強死，其魂魄猶能馮依於人，以為淫厲，況良霄。我先君穆公之冑，子良之孫，子耳之子，敝邑之卿，從政三世矣，鄭雖無腆，抑諺曰『蕞爾國』而三世執其政柄，其用物也弘矣，其取精也多矣，其族又大，所馮厚矣。而強死，能為鬼，不亦宜乎。」

45 參見錢穆：《靈魂與心》，廣西師範大學出版社，二〇〇四年版，第1－15頁。

46 余英時：《東漢生死觀》，侯旭東等譯，上海古籍出版社，二〇〇五年版，第140頁。

47 《禮記》說:「二端既立，報以二禮。」因此，在中國古代墓葬「廟墓合一」之前，地上的廟祭「魂」，地下的墓則祭「魄」。

48 參見巫鴻：《超越大限：蒼山石刻與墓葬敘事畫像》，收於《禮儀中的美術》，生活・讀書・新知三聯書店，二〇一六年版。

49 典型的升仙意向一度使學者指認帛畫為「復禮」中的「招魂幡」。余英時和林巳奈夫即採信這個觀點。但正如巫鴻提供的文獻證據所說，「復衣不以衣屍，不以斂」(《禮記・喪大記》)。「招魂幡」是不會隨死者一起下葬的。馬雍自一九七九年起提供了一種影響深遠的觀點，認為是「旌銘」，用於在停柩待葬的儀式程式中象徵和標識死者。這個觀點受到巫鴻等學者的支持。

50 死後懲罰的觀念在西元二世紀開始出現。這一時期的著作《太平經》中，開始對類似於人間監獄的「陰間」概念有所描繪。參見余英時：《東漢生死觀》，上海古籍出版社，二〇〇五年版，第149－150頁。

第三部分

多元與統一

以浮雕工藝製作的人物形象，結跏趺坐在仙氣和羽人之間，這位「神人」的形象，就是遠道而來的釋迦牟尼

3-1 青瓷釉下彩羽人紋盤口壺
（三國）

南京六朝博物館藏

南京六朝博物館中，收藏了一件「青瓷釉下彩羽人紋盤口壺」（圖3-1）。略顯拗口的名稱背後，隱藏著不同尋常的訊息。這件屬於三國時代吳國的器物，是中國已知最早的以釉下彩工藝燒製的瓷器。它的出土，將「釉下彩工藝始於唐代」的認識提前了四百多年。

除此之外，這件盤口壺還是中國已知最早的以繪畫技術為裝飾的瓷器。器身繪有上下兩排共二十一位持「節」羽人。這些仙人站在線條所勾畫出的絲絲雲氣和飄飄仙草之間，彷彿承載著在天地人神之間擺渡靈魂的使命。

「節」是皇帝的信物，是帝國展示給異鄉他者觀看的權力象徵。當初，漢武帝的大臣張騫，正是持著皇帝親授的「節」，翻山越嶺，歷經磨難，一直走到今天的阿富汗瓦齊拉巴德地區，代表西漢帝國第一次見證中亞大陸的起伏與遼闊，並最後獲得了「博望侯」這個名副其實的封號。

吳國工匠在壺身繪製的這幅畫作，顯然受到兩漢交通使「持節」事蹟的啟發。此刻，離張騫出使西域，三個半世紀已經過去。歲月如梭，世間早已物是人非。作為中國文明的第一次帝國試驗，秦漢帝國的制度、思想和觀念遭遇了全方位的深刻危機。中央權力系統的平衡，在宦官、外戚和權臣的一次次衝突中，最終無法挽回地走向徹底崩潰。

在維持了二十四年名義上的統一後，西元二二〇年，失重的帝國最終瓦解。東漢獻帝宣布「禪位」於曹丕。第二年，劉備在成都稱帝。八年以後，孫權在江南宣布自己是吳國皇帝。統一而強大的中華世界，從此進入長達近四百年的動盪和分裂。

但這件製作於動盪與分裂時代的「青瓷釉下彩羽人紋盤口壺」，卻像一個歷史預言，透露出中國文明將擁有再次融合與統一的未來。仔細觀看器身，不難發現，兩個以浮雕工藝製作的人物形象，結跏趺坐在仙氣和羽人之間，試圖摹刻同一位「神人」的形象。在吳國工匠的心中，這位神人也許只是秦漢方士信仰中神仙一樣的存在，是西王母、東王公之外，又一位被盲目崇拜的神靈。他們並不知道，這尊叫作「釋迦牟尼」的神人形象，源自遙遠的南亞次大陸，是跟隨著商隊、探險家和亡命之徒，走過了漫長的陸路或水路，才從古國大月氏，也就是今天阿富汗和巴基斯坦所在的地方，走到中土洛陽，渡過淮河和長江之間那片遊蕩著野象和猛獸的山林，進入當時尚未開發的江南。[1]

駝鈴、軍人和商隊，不僅帶來佛陀的信仰，還將給中華大地帶來更多奇妙的人、事、物。這些異域他鄉的文明與文化，將在中國文明的熔爐中被篩選、精煉、融合。在接下來的四百年裡，中國文明將以動盪和分裂為代價，給自己的秦漢文化底色增添許多異質神采。在這場曠日持久的動盪盡頭，將聳立起一個更高水準、更加多元的統一帝國，那就是迄今都令人類為之矚目的隋唐帝國。

名教

西漢成帝的師傅叫張禹。此人奢靡貪財，恃寵謀私。晚年時，漢成帝因天災異象，對大臣曲陽侯王根起了戒心，為此祕密到張禹府邸聽取他的意見。但張禹考慮到自己已垂老待斃，又念及子孫未來的榮華，就巧言保全了王根一門。許多年以後，王根臨終之際，力薦自己二哥的兒子替代自己擔任大司馬。這人就是後來篡漢的王莽。因此，倒溯因果線的話，不能不說張禹當初出於一己私心對王根的保全，確實對西漢帝室的傾覆負有一定責任，所以史家一般對張禹評價不高，其在史書中的形象，也是貌忠實奸的樣子。

老虎的屁股偏就有人去摸。正當張禹寵焰日盛，一位叫作朱雲的小官，卻上書求見成帝，當著

張禹和一眾公卿大臣的面，要皇帝賜自己一方尚方斬馬劍，斬了張禹。據史書記載，成帝聽後勃然大怒，喝令御史將朱雲拖出去，準備治其不赦之罪。朱雲卻死死抱著殿前欄杆，大呼：「皇帝是要我去跟龍逄、比干這樣的大忠臣在地下相伴，我可太心滿意足了！就是不知道你這漢家聖朝將來可怎麼辦啊！」

也許是過於緊張、用力實在太猛，木製欄杆都被朱雲折斷了。關鍵時刻，左將軍辛慶忌免冠替朱雲求饒，而頗有反思精神的漢成帝怒氣也消掉大半，最後就饒恕了朱雲，事後還吩咐人不要修理這些欄杆，以表彰朱雲的忠貞，並用以提醒自己日後應當善待直言的大臣。

漢成帝的姿態多少帶有表演性質，因為他對整個事情的處理故意模糊了焦點，絲毫不涉及當事人張禹。但這場君臣故事，在結局處仍然相當接近儒家所提倡的「君使臣以禮，臣事君以忠」的理想化君臣關係，因此，「朱雲折檻」就成了中國古代人物繪畫的一個重要母題。

一千多年後，南宋宮廷畫家本著勸誡他們的君主做一個從賢納諫好皇帝的心思，繪製了一幅精彩的畫作，就叫作《折檻圖》（圖3-2）。這幅畫作目前有兩個水準難分高下的摹本，分別藏於臺北故宮博物院和北京徐悲鴻博物館。其中藏於臺北故宮博物院的那幅，還題有乾隆皇帝的御製詩。想必這位堪稱「彈幕大王」的清朝皇帝，正是想透過品鑑題詩這幅畫，來彰顯自己的聖君品質。

表現歷史上的某一著名事件，刻畫事件主角的形象與神采，以此傳遞對觀賞者的勸誡和教育，最終使畫作發揮倫理教化功能，這在宋代文人畫出現之前，一直是中國古代繪畫藝術的首要功能所在。這種類型的人物畫，又稱為「故實規鑑畫」。[2]

除了《折檻圖》這樣緊扣「忠」觀念的作品之外，故實規鑑畫也常常表現「孝」、「節」或「義」主題。在迄今存世的文物中，最早的這類題材作品常見於兩漢石刻或磚刻人物畫像中。即使

故實規鑑畫，意在借著名歷史事件來勸誡和教育觀賞者，在宋代文人畫出現之前，倫理教化一直是中國古代繪畫藝術的首要功能

3-2 **佚名《折檻圖》**
（南宋）

臺北故宮博物院藏

到了魏晉時期，也依然為信奉儒家價值觀的士大夫階層所重視。比如說，顧愷之原作於東晉的《女史箴圖》，就是一幅試圖從「節」的角度來教化觀者的絹本設色故實規鑑畫作品。

收藏於大英博物館的《女史箴圖》，由於複雜的流轉歷史，已經被分割成三段。其中一段，據推測很可能是原作在五到八世紀期間的一個極好摹本（圖3-3）。這幅畫預期中的觀者，是深居宮廷的帝王和他的後宮寵妃。

西元二四九年，司馬懿趁著政敵曹爽到高平陵謁陵，發動「高平陵之變」，事實上掌握了曹魏政權。十六年後，他的孫子司馬炎正式以晉代魏，並在西元二八〇年滅除吳國，實現了從三國到隋唐之間中華大地短暫的統一。但是，開創「太康之治」的司馬炎，最終卻斷不了骨肉私心，臨終之前犯了一個重大錯誤，將繼承權交給了太子司馬衷，其智力之低下，在當時可說是無人不知。最終，帝國的大權毫無意外地落在皇后賈南風手裡。

在接下來的十年裡，賈后及其外戚集團依靠殘暴陰毒的宮廷權謀，將帝國國本消耗一空，最終又被野心勃勃的趙王司馬倫找了個「謀害太子」的藉口一舉消滅。為了掌握權力，司馬倫在擊潰賈氏集團後不久，就開始了對大臣的屠戮。死於非命的人中有一位叫作張華的司空。早在九年多前，他就對西晉政權的前途感到不安，於是撰寫了《女史箴》這篇長詩，試圖勸誡荒淫殘暴的賈后。

在對女性充滿偏見的古代世界，人們往往無法將宮廷鬥爭的實質理解為內在於人性的欲望和權力角逐，反而常常對此採取道德化解釋，認為是女性當事人「婦德」不彰導致的後果。在張華這種深受儒家思想薰陶的世家勳臣看來，既然儒家禮儀已經對女性在社會生活、特別是夫妻關係中的地位和角色有明確規定，那麼，只要女性恪守自己的「婦道」，小到一個家庭、大到一個帝國，就不會走向崩潰。

3-3 **女史箴圖**（5-8世紀摹本）

大英博物館藏

另一著名故實規鑑畫。畫作預期中的觀者，是深居宮廷的帝王和他的後宮寵妃

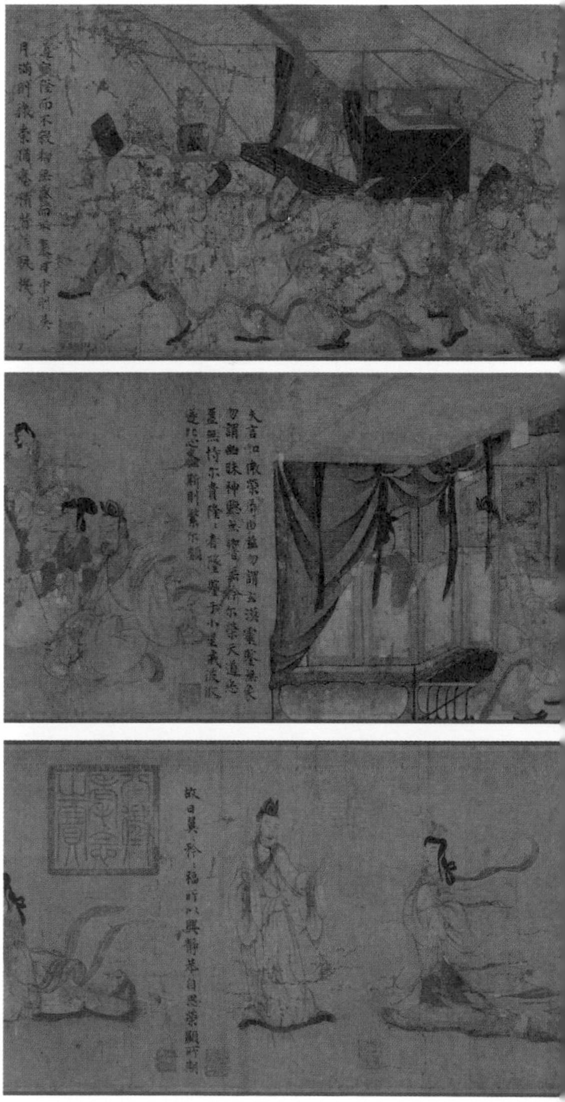

受這一充滿歷史局限的觀點影響，張華不可避免地將導致西晉帝國混亂的可能責任，全部歸結到賈后有違儒家禮儀的放蕩舉止和敗壞品格上。因此，他從史書中找到十個關於女性嚴守儒家道德的著名故事，以華麗的文采編纂成詩，滿心期待母儀天下的晉室後宮女主，能成為一個更好的宮廷婦女。顧愷之後來繪製的《女史箴圖》，又以圖像的方式對這十個故事再次做出表述，並為引言和結語配畫，構成十二幅畫面相對獨立，但又彼此連為一體的長卷。

司馬炎死後的十年，是西晉急劇由強盛轉向滅亡的關鍵時期。到了西元三一六年，趁著「八王之亂」進入中土的西域軍事勢力，早已尾大不掉。千瘡百孔的西晉帝國，也就在這一年遭受了最

後一擊。司馬氏家族費盡心思苦幹三代才積累下的帝業資本，最終卻落在外人賈后的手裡，短短十年就揮霍一空。這對於司馬氏後人來說，刺激之大、教訓之深、遺憾之重，實在是不難想像。一百七十八年後，晉宣帝司馬懿四弟的第九代後嗣司馬金龍死了。在他和妻子的合葬墓中，隨葬了一件彩繪人物故事漆屏（圖3-4）。

這幅綜合取材於西漢文學作品《列女傳》和張華《女史箴》的彩繪漆屏，在畫風和技法上明白無誤地繼承了顧愷之的筆風與筆意，但藝術上的價值對於墓主來說也許根本不重要，因為真正重要的是，它在思想上嚴格接續了張華所試圖表達的儒家道德觀點，將婦女能否守「節」，看作一個百世之家鞏固興旺的關鍵。這些倖免於時間腐蝕的精美漆畫，似乎正發出一聲輕歎，吐露出生前受封北魏王朝琅琊王的司馬金龍，即使在安排與自己鮮卑族妻子的死後生活時，仍然還殘留著面對祖先帝業不可挽回的凋零而無法了斷的惆悵和遺憾。

無論《折檻圖》所表達的「忠」，還是《女史箴圖》所表達的「節」，都屬於傳統儒家核心價值觀範疇。早在董仲舒思想中，它們就是「三綱五常」價值觀的核心組成部分。西元七九年，東漢章帝在洛陽白虎觀召集會議，綜合兩漢宇宙論世界觀和儒家經典著作，核定出一套皇室認證、天下通行的儒學價值原則系統。會後，根據皇帝的指示，史學家班固編纂出《白虎通義》一書。白虎觀會議的理論成果由此流傳下來。

《白虎通義》借鑑董仲舒的天人感應學說，以宇宙萬物的自然關係，比附出人間社會君臣、父子、夫婦之間的關係，從而形成了此後對中國古代社會運行和治理方式影響深遠的「三綱六紀」學說。

所謂三綱六紀，不僅試圖調節君臣、父子、夫婦這三對基本社會關係，而且也按照儒家理想，明確指示出宗族、家庭、師生、朋友之間分別應當遵循的道德關係和交往方式，可說對古代中國社會所能夠形成的各種人類關係形式無一例外都做出了規範。在三綱六紀中，君臣關係猶如日月，父子關係猶如五行相生，夫妻關係猶如六合變化，分別對應著天、地、人三界的自然狀態。[3] 所以，

漆屏上的故事畫取材於西漢文學作品《列女傳》和張華《女史箴》，將婦女能否守「節」，看作一個百世之家得以鞏固興旺的關鍵

3-4 **彩繪人物故事漆屏**（北魏）

大同市博物館藏

描繪「忠」的畫作，猶如描繪天界不變的法則；描繪「節」的畫作，則猶如描繪人間應然的鐵律。

三綱六紀思想雖然在二十世紀初，受到「五四」進步思想的嚴厲批判，但是客觀來說，在兩漢帝國時期，其提出是有重要歷史意義的。正如前面已經提到的那樣，秦漢帝國面臨的一個重大難題，就是要在社會規模和風俗差異巨大的尺度上，構建出一套普遍而統一的治理體系。西漢社會治理在建國初以黃老無為思想為原則，自漢武帝後又孜孜探求新的思想理論基礎，一直到最終選定以儒家經學為思想意識準繩，並不是偶然的心血來潮。號稱取法宇宙大道、「天不變道亦不變」的儒家經學的確擁有一個巨大優勢，能夠為龐大帝國提供一套普遍適用於每一寸國土的社會治理概念、原理和依據。正是由於找到了這種「以經治國」的辦法，每一個漢帝國子民就都被納入了「三綱五常」或「三綱六紀」這樣一套明確清晰、可遵循可理解的行為準則系統之中，所以，兩漢帝國的社會結構才得以在跌跌撞撞中勉強維持了四個多世紀，而沒有像秦帝國那樣轉瞬即逝。

在這個「以經治國」的帝國管治策略中，最重要的一環就是要按照儒家經典確立起完整的「名教」制度。名教制度是儒家思想的基石。早在《論語・子路》篇中，當子路問孔子如果獲得執政衛國的機會打算怎麼做時，孔子就斬釘截鐵地回答說：「我要先給萬事萬物指定名分，因為名分如果不正當，接下來就沒辦法講通道理；而道理如果講不通，接下來就沒辦法做成事。」出於同樣的道理，當齊景公詢問孔子治國之道時，孔子給出了「君君，臣臣，父父，子子」八字箴言。意思就是說，只要每個身居自身處境中的人，都像一個國君應有的樣子為人君、像一個忠臣應有的樣子為人臣、像一個父親應有的樣子為人父、像一個兒子應有的樣子為人子，那麼自然就天下大治了。

儒家名教思想，用現代哲學的語言說，就是認為只有首先將客觀世界在頭腦中形成的概念加以澄清，將概念之間的關係理順，找到概念所指的事物應當具有的理想狀態，使其完全符合儒家經典所描刻的樣子，客觀世界才能隨之而改變。以經典中所提到的名詞稱謂及其相互關係，來協調那些名詞所對應的實際生活中的人、事、物，這就是儒家名教思想的實質所在。

哲學家馮友蘭先生認為，儒家名教制度，頗類似希臘哲人柏拉圖的理念論思想。正是透過將抽象的名詞及其相互之間的關係理想化表達出來，儒家才在具體世界之外建立起了人、事、物應當遵循的法度和準則。[4]在這個意義上，儒家經典不失為古代中國版的《理想國》，而名教制度也從根本上為社會關係和個體行動指明了最終的努力方向。從儒家的眼光看，嚴格遵照名教的要求，實際上是社會道德不斷提升、個人修養不斷進步的必然途徑。

從歷史上看，在以經治國的兩漢時期，那些深受儒家經典思想薰陶的教養深厚的文人名士，也確實在名教的敦促和培育下，為維護兩漢帝國做出了貢獻。比如說，東漢帝國在桓靈二帝時期的宮廷政治堪稱荒謬，但整個帝國依然能維持「亂而不亡」，根本的原因恰恰就如范曄在《後漢書》中所評價的，在於百餘年間有數位深受名教涵養的股肱大臣在其中折衝平衡收拾局面。[5]而它之所以最終崩潰，也恰恰是因為兩次黨錮之禍徹底禁絕了儒學名士做官的機會，從而使名教指引現實政治的管道完全堵塞了。如此一來，既然失去了名教駕馭的帝國再也沒有機會通向儒家經典所描繪的「理想國」，那麼儒生當然也就同樣不用牽掛那個風雨飄搖的帝國了。帝國與名教的分離，最終導致了帝國本身的墜落。儒學名士們則帶著名教進入了下一個時代。

在下一個時代，無論是三國還是魏晉，或者後來的南北朝時期，之所以始終不能形成新的統一帝國，其中一個重要原因就在於，中華文明在這四個世紀的混亂中始終沒有確立起能夠將異常紛亂的人心重新聚攏到一起的共同文化基調，但也正是在這一時期，無論是在南方還是北方，無論是漢族政權還是少數民族政權，他們中的傑出領袖，都能夠自覺地意識到這個問題的重要性，並反覆嘗試找到解題的辦法。在這些傑出歷史人物的嘗試中，儒家名教制度，始終是他們重要的優先選項。

西晉末年，司馬氏王室宗族在互相纏鬥的同時，分別祕密勾結北方軍事力量，主動將匈奴、羯、鮮卑、氐、羌五個民族引入中原帝權的爭鬥之中，使漢族長期盤踞的華北和中原地區，出現了不可小覷的胡人民族力量。西晉滅亡後，華北一分為二，分割為關中和關東兩大胡人民族勢力。「永嘉南渡」後，琅琊王司馬睿偕華北大貴族王導來到江南，歷經艱苦，建立東晉政權。東晉政權雖然獲得短暫偏安，但最終還是分裂為佔據長江下游和中游的北府與西府兩大區域勢力。這樣，北方內部和南方內部的軍事鬥爭，以及北方和南方之間的軍事鬥爭，構成了三到六世紀南北朝分裂時期的權力運動主線。

在南方，明代大儒王陽明的先祖王導扮演了重要的歷史角色，陳寅恪先生給予的評價極高，認為他為中華文化的賡續和相傳做出了不可磨滅的貢獻。[6] 但王導畢竟是中原血統的大貴族，呵護中華文化似乎理所當然。真正有點不可思議的是，在北方，儘管確實出現過一個時期的緊張的胡漢對立，但胡人政權的領袖卻並非全然是狹隘的民族主義者，他們中傑出的幾位，一直嘗試賡續正統儒家文化。其根本的用意，是要在北方建立起一個由胡人做皇帝的新帝國。對於這些北方的新主人而言，新帝國不僅不是中華世界的異己，恰恰相反，它就是中華世界的繼承者，以中國文明為自己的鮮明底色。

名教文化之所以對於胡人政權極為重要，就在於胡人原初的社會組織結構是部落制。部落制和部落意識，當然有利於胡人軍事集團迅速形成強悍的戰鬥力，奪取戰爭的勝利，但它的不利之處在於無法實現有效的戰後政權建設。帝國與部落的最大區別，就在於帝王必須從馬背上下來，依靠一套複雜的文官制度，來管治雜亂無章的龐大疆域。回顧這一時期的北方歷史，不難發現，凡是無法解決這個問題的胡人政權，沒有一個不在主要領袖身故後立即分崩離析。在這個意義上，解決不了這個問題的北方政權，與其說是一個「國家」，倒不如說更像是一個「偽裝成國家的軍事集團」。

西元三八五年，氐族領袖、前秦政權的君主苻堅在統一北方後，以無與倫比的雄心壯志，試圖南下東晉，統一中華，成為中華世界新的皇帝，而不只是部落政權的領袖。在發動這場災難性軍事行動之前，苻堅已經做出了許多努力，甚至不惜貶抑自己民族的同胞，優待有助於實現北方統一和部落向帝國轉化的漢族和鮮卑族人。淝水之戰慘敗後，苻堅被殺。前秦這個事實上由部落堆積起來的偽裝國家，立即不出意料地四分五裂。一年後，鮮卑拓跋氏部落的領袖拓跋珪建立北魏政權，這也是未來隋唐帝國的母體。

無論從哪個方面看，苻堅都是一位眼光獨到的胡人領袖。他唯一的缺陷，大概就是操之過急。但苻堅努力的方向完全正確，因此他未完成的目標，也成了傑出後繼者們的共同目標。不同於苻堅「竊帝圖王」的急躁，北魏君主既能認識到帝國相當不同於部落，也安於帝國版圖只限於北方地區的現狀。他們深刻洞察到，除了領土和維繫領土的軍事實力，思想觀念基礎對於部落向帝國轉化更具有無與倫比的意義。所以，他們一方面嘗試發揚佛教，努力使之成為帝國思想文化的一個新根基，並為此在洛陽龍門建造了大量石刻佛像，將洛陽城打造成壯美絢麗的東方佛教聖城；另一方面，則大力弘揚傳統的儒家名教，自覺回歸以經治國的漢帝國傳統，並最終在五世紀後半葉掌權的孝文帝統治期間，激進推行了胡漢融合。

在北魏政權實施以經治國的過程中，孝文化被極端地刻意強調，許多這一時期的出土文物中，都可見「孝子圖」。有學者認為，這種突出強調名教中一種價值觀的做法，與當時北魏皇室政局狀況有密切關係。[7] 無論如何，考古成果已經證明，孝文化確實是當時墓葬藝術中最重要的觀念母題。

舉例來說，一九三一年在洛陽北邙山出土的寧懋石室畫像（圖3-5）[8]，就以精美飄逸的線刻藝術手法，敘述了丁蘭、舜、董永等《二十四孝》故事中的經典場景，而石室門道左、右兩側描刻的武士，怒目飛揚，準確無誤地展現出胡人將領的威儀勇猛。

在長達兩千多年的帝制時期，名教制度對中國文明究竟意味著什麼？一九二七年，一代大儒王國維投河自盡後，陳寅恪先生曾作了一篇《王觀堂先生挽辭》。在這篇挽辭中，陳寅恪先生對王國維之死的主觀原因所做的分析，對我們理解這個問題十分有幫助。陳寅恪先生認為，王國維的死是不可避免的，因為「三綱六紀」的名教文化所依託的社會歷史條件，已經一去不復返了。等待王國維未來的，是一個沒有名教文化的新世界，而在那個世界，像王國維這樣以名教制度為根本生活方

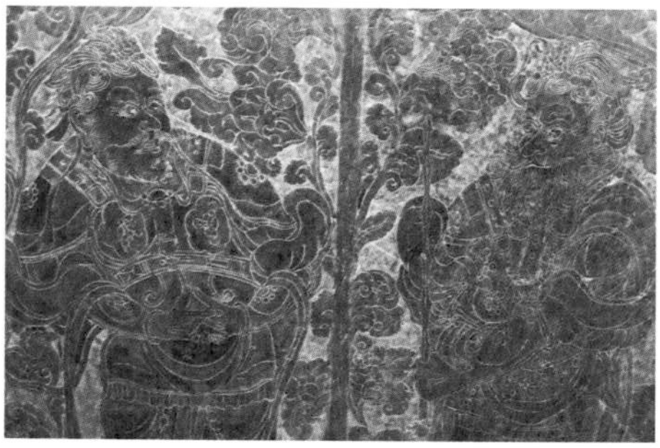

3-5 寧懋石室和左右兩側的石刻武士
（北魏）

波士頓美術館藏

式的人，所能得到的也只有日益深重的精神痛苦。[9] 如果說陳寅恪對觀堂先生的體恤相當合理，那麼，反過來也就不難發現，在此之前漫長的二十個世紀裡，也正是依靠名教這個儒家文化的根本觀念，中國文明才始終根基穩固。即使處於魏晉南北朝這樣社會思想、文化、觀念大混亂的時代，中國文明也沒有像許多古代文明那樣中斷消亡，反而實現了民族之間的磅礴融合。這其中，名教制度可謂功勞甚大。

山林

早在西元前一三四年，漢武帝就決定以「察舉」制度作為官員選拔方式，也就是委託地方官員，透過風聞鄉里輿論，發現口碑良好的人，然後將他們擢拔進政府系統做官。察舉制一直沿用至東漢末年，皇帝們希望這些被察舉出來的人，行為舉止與名教價值觀相一致，是名副其實的「賢良方正」。

但到了東漢末年，名與實相分離的情況源源不斷。渴望做官的人，努力將自己打造成「有識之士」，按照名教的規範要求，刻意標榜，裝腔作勢。有察舉之責的人，也沽名釣譽，透過輕浮任性的品評舉動，想給自己貼上「識人善用」的美譽。這兩方面因素疊加在一起，共同導致察舉制度完全失效。

起於寒門的曹操壟斷東漢政權後，急需人才效力。但他既認識到「偽飾名教」導致假冒人才層出不窮，又對高門士族所奉行的名教本身心存鄙夷。因此提出了「唯才是舉」的標準，意思是說，看一個人是不是人才，只需考察其辦事能力，而不用在乎其行為舉止是否合乎名教。這是對名教的

3-6 《洛神賦圖》北京乙本局部
（宋代摹本）

故宮博物院藏

諷刺和否定。

君主渴望人才，人才也渴望被盡用其才。人才評價標準，是君主帝業昌盛和社會精英自我實現的共同指南針。面臨不同歷史任務的君主，當然有著不同的人才觀。曹操死後，曹丕以魏代漢，並且接受了天下一時難以統一的現實。這樣，曹魏政權開始思考如何長期執政的問題，就必須在有家世的人、符合名教的人和有本事的人之間找到任用的平衡點，以盡可能構建一個廣泛的執政基礎。新的問題導致新的思路。曹丕在大臣陳群的建議下，試圖「德才位並舉」，決定實施「九品官人法」，就是由各州郡推舉一兩個人才品評官員，將其風聞所知的人才，分九等加以品評後，納入人才儲備庫，供政府今後選拔使用。[10]

能否找到客觀合理的標準來發現人才、評定等級，從而使其充分湧現、各盡其用，是事關九品官人法成敗的關鍵。為了便於操作，尚書郎劉邵編纂了一部奇書《人物志》。這部書的一大特色，就是突破了從外在舉止品評人物的舊見識，轉而強調以行動觀心思、以言辭觀精神、以外在舉止觀內在態度，其根本用意是要穿

對人的內在性情投入巨大關注，是曹魏時期的文化風尚。曹植《洛神賦》一詩中有著作者內心最眞實的性情。一個半世紀後，同樣有著眞性情的畫家顧愷之，將其描繪成著名的人物畫

透「名」的表像而直達「實」的本質。這樣，一個人的內在性情，就成為人物品評中最核心的要素。

對人的內在性情投入巨大關注，是曹魏時期的文化風尚。名士們崇尚性情的慷慨流露，並透過文學書寫方式加以表達，從而形成了彪炳千秋的「建安文學」。西元二二二年，「建安七子」之一、三十一歲的曹植，在完成了洛陽朝覲、準備回封地鄄城的路上，路過洛水。不知怎樣受到了觸動，這位才高八斗的文學天才，心裡突然蕩漾起豐富的感情，於是創作了一首《洛神賦》。這首詩玄幻而淒美，在想像的世界裡虛構了詩人與洛神的偶遇。神女且言且歌，柔情如水，婀娜飄逸。詩人則如儒家經典《詩經》所教導的那樣，雖然愛慕之情溢於言表，但終歸發乎情而止於禮。神女被詩人打動，但人神殊途的命運終究難以抗拒。夢醒時分，神女早已飄然離去，而詩人的心裡，只剩下無盡的惆悵。這首淒美而哀傷的詩中，有著曹植內心最真實的性情。一個半世紀後，同樣有著真性情的畫家顧愷之，將其描繪成著名的人物畫《洛神賦圖》（圖3-6）。遺憾的是，如同顧愷之的所有畫作那樣，今天我們只能見到這幅畫的

幾個摹本。

就人性而言，不同的人，內心世界差異巨大，這也導致他們與世界的相處方式大相徑庭。我們有的時候，就將由內心質量所導致的行為模式，稱作一個人的「品質」。在《人物志》的《九徵》篇裡，劉邵根據人的品質，將人分為五等。最尊貴的人，身心均能處於「中和」境地，擁有書中反覆提到的「中庸」之質。在這種人的內心，諸般美好的人類品質以平衡均勻、不過不失的比例相協調，從而支配他的性情，使其儀態、舉止、言辭都十分和諧得體。這種能「致中和」的人，乃是「聖人」。

次一等的人，具有中和之德，但還不夠充分，屬於「大雅」之人；接著是某一方面突出，但是綜合起來看又不夠均衡的「偏才」。大雅之人和偏才，都是需要悉心識別任用的人才，而最末流的兩種人，則要麼將偏才之質推向極端，劍走偏鋒過猶不及；要麼是有偏才之質卻沒有恆操節守的投機客，都算不得人才。

在劉邵看來，識人用人的本質，就是聖人識別任用大雅之人和偏才之人，而防範遠離末流之人的事。那麼，什麼是劉邵所說的「聖人」？在中國古代哲學典籍中，「聖人」本是一個高頻概念。但不同思想流派，以及不同歷史階段，對聖人概念的理解，差異很大。在《人物志》成書的西元三世紀，隨著漢代儒家經學的衰落，先秦老莊道家思想正逐漸從邊緣地帶進入古代中國思想世界的中心。《人物志》的聖人觀念，就深受其影響。[11]

儘管「致中和」是得「道」聖人的理想人格，但從老莊道家的本意來說，並不指望聖人去事功建業。比如說，就老子思想而言，聖人之聖，在於守拙不伸，從而能夠在紛亂人世中實現自我的保全和長久；而莊子思想則認為，聖人之聖，在於既能從容周旋於世，又不為人間是非所傷，始終擁有精神上的自在和獨立。對於先秦原版的老莊道家思想來說，聖人不糾纏於紛亂的人間事務。因此，聖人應當淡泊寧靜，不偏私，不專美；他們是心靈的大師，始終能將欲望控制在維持生命所必需的程度，不期待，不貪圖，不渴望；他們還能夠與外部世界建立一種猶如軸與輪轂的關係，牽動世界而不反被世界所牽動。

所以，《人物志》的聖人觀念，雖然受到原版道家思想的強烈影響，但歸根到底其實是先秦儒道思想的雜糅，或者說是一個儒化程度已經很高了的新版老莊道家思想。這個聖人觀念的真正原型，既不是老子，也不是莊子，而是孔子。[12]《人物志》中有許多直至今天仍值得認真對待的見解。但這部書的哲學原創性終究十分有限。劉邵只是將他所生活的時代業已形成的看法和見解做了應用和總結，還算不上第一流的哲學家。生於曹魏末年的天才哲學家王弼，才真正是一位以儒解道的哲學大師。

《世說新語》中記載了一則故事，很能說明王弼的思維能力。一天，剛滿二十歲的王弼，去拜訪大名士裴徽。裴徽已經耳聞王弼的才學，就問他：按照老莊的看法，「無」是根本的東西，可是孔子卻似乎從來沒有正面討論過「無」，這是什麼原因？王弼回答說：孔子體察到「無」，並且體察到只要語言一談論「無」，「無」就變成了「有」，所以從不談論；老莊則始終在「有」的層面談論「無」，所以他們可以反覆不停地去解釋相對於「有」來說什麼是「無」，但實際上卻永遠無法達到對「無」的本質的精確闡釋。[13]在這段讓裴徽聽後讚歎不已的對話中，王弼明顯將孔子排到老莊之上。

在王弼流傳後世的著作《老子注》中，他始終認為，只有孔子才真正達到與道合一的境界，進入了老莊所講的「聖人體無」狀態。這個體「道」的大聖人孔子所提倡的，是無為而無不為，在與道合一的同時，透過「道」在萬物中的自然生化來治理世界。

聖人之所以「以無為本」，是因為「無」是「道」的本質，從而也就成了世界之源。這個認識是王弼思想的基礎，也是古代中國思想世界的一座新的里程碑。兩漢時期的思想世界，曾被雜糅了陰陽五行學說與儒家學說的宇宙論哲學思維支配。在那種思維模式中，當面對「什麼是世界之源」的問題時，人們試圖給出某種實體性的回答，指出某個「東西」實實在在地構成了世界之源，比如「太一」。王弼的成就在於，他徹底克服了宇宙論思維模式，將這個問題處理為一個思辨性問題，試圖以思辨的方式，去探討萬事萬物在形而上意義上的抽象根據，或者說哲學本體。由此，古代中國思想的抽象化水準，就被推上了一個全新高度。這種「本體論思維」的建立，標誌著「魏晉玄學」的成熟。

王弼的一生純粹而不朽。在曹魏政權即將垮臺之際，曹爽曾與王弼單獨見面，意在識其高才後委以重任。但是在這看似機遇的場合，王弼卻談玄論道，絕口不提人間事務。頗顯迂腐的做派，讓顢頇的曹爽十分鄙視，事情因此也就不了了之。但是，第二年春，曹爽就在「高平陵之變」中徹底失勢。人們很好奇，王弼之前在曹爽面前的舉動究竟是真的「不通物情」，還是早已看到曹爽的結局而不願折損羽毛？但這個問題很快就變得不重要了。這一年的秋天，王弼因一場癘疾不幸早夭。躲過了曹爽的少年天才，終歸沒有躲過自己的命運。

從先秦原初思想的導向來說，成為儒家，意味著要入世救世；成為道家，意味著離塵逍遙。王弼以儒注道，實際上是一次在哲學層面調和儒道思想的嘗試，使得「聖人」這樣一個儒家理想人格，在事功於人世的同時，仍然能自在出入，在與「道」的一體大化中從容應對世事滄桑。生命短暫的王弼在某種意義上是幸運的，因為在他的一生中仍有機會去拒絕曹爽的徵辟。對於他的同時代

人來說就沒有這麼幸運了。自王弼去世的那一年起，入世與離塵，就成了一個難以調和的抉擇。

西元二四九年之後，代表高門士族重新掌權的晉王朝[14]，因為奉行無所不用其極的權謀詭計，而落下「得國不正」的曆史包袱，始終無法提出一套使人信服、旋律端正的價值觀系統。在整個西晉統治時期，司馬氏所試圖提倡的，和其實際所做的，二者之間存在著無法掩蓋的裂痕和差距。這種表面和實際之間的劇烈價值衝突，讓精英階層無所適從。他們中的一些人，試圖逃避，卻又無法壓抑心中出於道德義憤而累積的憤懣，於是得禍。西元二六三年，司馬昭以「不孝」的罪名，殺了刻意遠離司馬氏政權而又猛烈抨擊其「偽飾名教」的大名士嵇康，使天下為之震動。

命如蟬翼，運似朝露，是這一時期名士的普遍心態。入世就意味著同流合汙，離塵也可能性命難保。何去何從之間，整個精英社會被拋擲到一種文化上無所適從的精神迷亂之中。正是在這一背景下，原初老莊道家思想的離塵特質，就越發成為黑暗隧道裡的夜明珠，為每一個身處人間之世卻無法安頓其心的靈魂提供了安慰和指引。

嵇康生前疾世憤俗，對人事的不堪充滿厭倦。他反覆思考過人生居於司馬氏之世的二十八種活法，一一列在《卜疑》篇中。[15]這其中，有入世事功的活法，有遊戲人間的活法，也有出世離塵的活法。在《莊子》的啟發下，嵇康最終選擇了一條別開生面的道路。他要像莊子筆下的「無用之人」那樣，在罕無人至的山林中，去體會《莊子》中「神人」、「至人」、「聖人」的精神生活，忘記朝堂之上的是非利害、忘記身體形骸受制於生物必然性而不得不牽累於世的沉重，過一種悠游自在、無羈無絆、與自然一起生化的生活。

山林，由此走進中國思想文化的中心地帶。雖然表現自然山川的藝術品最早可以追溯到西周時期[16]，而《莊子》中也充滿從對自然野趣世界的觀察和體悟中獲得的寓言道理，但山林真正作為

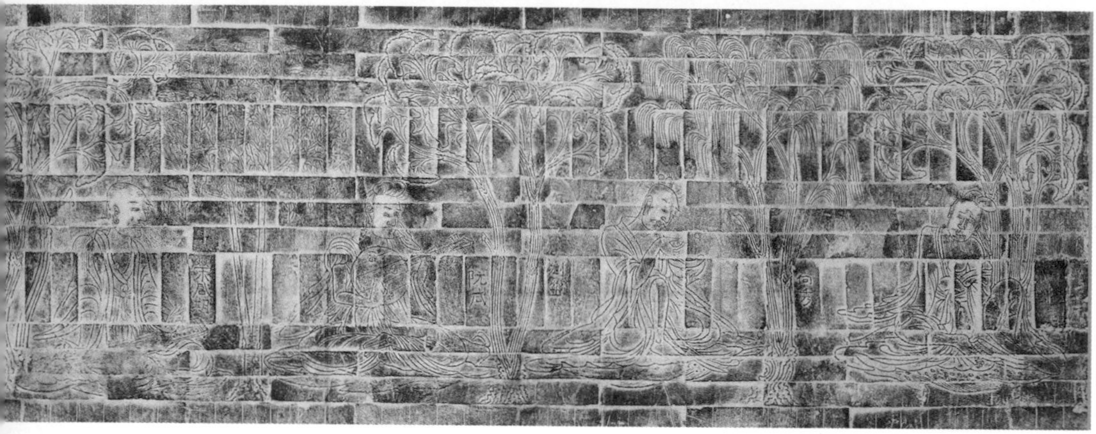

3-7 竹林七賢與榮子期磚畫（南朝）拓片

原磚藏南京博物院

一種被明確加以偏好和選擇的美好生活方式，在藝術作品中獲得理想化讚美和傾慕，卻是以嵇康為代表的魏晉士人經歷迫不得已的人間世事後，所主動發現的。從此，對於古代中國的士大夫階層來說，山林就成為精神世界的避難所，而都市和朝堂則被降低為謀求物質生活的是非中心。一種超越都市喧囂的雅致生活方式，在不斷被美化和理想化的過程中，成為了精英們的共同追求，也成為了古代中國文人藝術彌久常堅的「時尚」主題。

現藏於南京博物院的一幅製作於南朝時期的大型磚刻浮雕畫（圖3-7），以虛構的「竹林七賢」故事為母題[17]，刻畫了包括嵇康在內的七位魏晉時期放浪不羈的大名士。他們悠游於山林之間，逍遙任性，自得其樂。

不同尋常之處在於，除了這七人，畫面上還呈現了榮子期的形象。這是一位生於春秋時期的著名隱士。將「竹林七賢」與榮子期並列，在某種意義上也是將嵇康所代表的走入山林的生活方式，視作對中國古代哲學中隱逸思想的接續。從一九六〇年至今，類似主題的磚畫發現過五套，都出土於王侯級別以上的大墓之中，規模和手法也相當接近，充分說明這一類藝術品在南朝時已得到規模化生

「竹林七賢」是一個虛構的故事，但描刻當世和過往名人悠游於山林之間逍遙任性，確是南朝時期江南地區的文化時尚

產，也由此可見隱逸思想在當時的興盛程度。[18]

過徹底的山林生活，是真正意義上的隱逸，意味著從都市生活中徹底擺脫，從羈絆朝堂中人的名教中完全逃離。西晉末年，「永嘉東渡」後，江南進入北方精英的視野。瑰麗靈秀的山水，給南遷的貴族士大夫留下了深刻的美學印象，這是河洛和關中平原所沒有的獨特景致，也使興起於北方的隱逸生活理想更增添上一層新的魅力。就這樣，《莊子》中對理想精神生活的想像和憧憬，在名士階層立志過某種飄逸而充滿野趣的生活追求下，變成了一種富有美學意義的真實的生活方式。西元五世紀初，在殘酷現實生活的教導和啟發下，詩人陶淵明決心去過一種真正親近自然的隱居生活。他以詩書耕讀為業，在酒、菊花和無弦琴的陪伴下，度過了自己的餘生。這是中古中國少有的一位真隱士。

魏晉時期，山林和隱逸的思想，也跟中國傳統修仙觀念嫁接到一起，成為當時新興的本土宗教中國道教神仙思想的重要組成部分。在道教信仰中，山林是連接「人間」和「仙境」的要津。仙境之門總是隱藏在山林深處的某個洞穴中，只有修道精誠的道士，才能在登天升仙的一瞬，

在道教信仰中，山林是連接人間和仙境的要津，因爲仙境之門總是隱藏在山林深處的某個洞穴中

3-8 **王蒙《葛稚川移居圖》**（元代）

故宮博物院藏

進入這個叫作「洞天」的所在，獲得另一個世界中的不朽與閒適。

西元三〇六年，嵇康的侄孫嵇含死於政敵之手。他的朋友葛洪因此看盡人間勢利的虛幻無謂，舉家走入位於廣州的羅浮山深處，開始了對道教所許諾的「另一個世界」的探究，並將自己的內心體驗和神性探尋記錄下來，形成了《抱樸子》一書。十個世紀之後，另一位身陷兵荒馬亂之中，決心歸隱山林的畫家王蒙，創作了一幅《葛稚川移居圖》（圖3-8）。畫面中想像性再現了葛洪進入羅浮

山的那一刻，而流露的思想，則是畫家自己對山林生活和神仙世界的嚮往。

但是，大部分傾慕隱逸生活的士大夫，要麼受不了自然狀態的艱苦辛勞，要麼就像嵇康那樣，試圖隱逸卻不為君主所允許。都市繁華和朝堂是非，是他們無法徹底逃離的羈絆，山林世界的自然野趣也只能心嚮往之。這樣的矛盾與不得已，在士大夫心靈中產生巨大衝擊，急需得到思想觀念上的協調和化解，也使魏晉玄學發展到了它的最後階段。

向秀是嵇康的好友，也在「竹林七賢」之列。他拒絕君主的徵召，在山陽地帶與嵇康一起隱居。嵇康被殺後，向秀又一次被徵召。這一次，他只能拿著精心準備的文件，小心翼翼地面見司馬昭。司馬昭故作戲謔地問他：既然你有隱居的志向，為什麼又來我這裡做官呢？向秀回答說：巢父、許由這些被《莊子》讚譽為「聖人」的隱士，其實並不值得羨慕效法。

司馬昭笑了。藉由殘忍屠戮嵇康，強權終於使天下屈膝。我們如今無法知道，困頓於朝堂之上的向秀，接下來究竟以怎樣的精神面貌來日日面對內心厭惡至極的司馬昭。但就是這位終於被迫從山林走向朝堂的向秀，在自己的晚年，著手做了一件哲學史上意義巨大的工作：注《莊子》。這本書未及完成，向秀就死了。之後，渴慕朝堂遠甚於山林的郭象，在吸收向秀思想的基礎上，對其加以發展、宣傳，完成了《莊子注》。這部書的最大特色，是指出：在「何為聖人」的問題上，莊不如孔；在《莊子》所實際表達的各條意思上，莊孔一致。

在《論語》中，孔子曾說過：一個君主，應該像北斗星掛在天上一樣，處於被天下臣民所拱繞、而自己安靜不動的位置。[19]《莊子注》對此深以為然，進一步發揮認為，正如《莊子．逍遙遊》中所說的，大鵬註定是大鳥，小鳩註定是小鳥；大人物註定做大事情，小人物註定做小事情。所以，萬事萬物都有自己所依憑的本性，都按照自己在宇宙中的命運周轉變化，互相之間既不打擾，也不關心。這就叫「獨化於玄冥之境」。任何硬要在它們之間攀扯上關係的行為，都是破壞「玄冥」的愚蠢行為。

所以，一個人到底是聖人還是普通人，歸根到底是他的本性所決定的。普通人成不了聖人，聖人也不能要求自己做個普通人。反過來，作為一個聖人，就必須要懂得這個道理，能夠始終讓自己處於「與物冥」的狀態，允許萬事萬物依憑其本身，聽任其在自己的因因果果小舞臺裡生化變遷，而不要對其有成心、有成見，非要它們按照自己的想法周轉。《莊子注》認為，如果莊子真的「懂得」這個道理，而不是僅僅「知道」這個道理，他就不會在《莊子》書中寫那麼多的狂謬寓言。所以，比起孔子來說，莊子還不是真正的大聖人。

既然真正的聖人對萬事萬物無成心、無成見，聽任其變化，那麼，聖人當然也就是無心之人。他的內心不應該有太多自導自演的戲碼，對他人和萬物要既沒有期待，也沒有欲求，面對一切變化，都能以「應對」的態度來周旋，「應物而不累於物」，順應時勢，不勉強，不刻意。這就意味著，作為最高的人格理想，任何一個懂得這個道理、仰慕這種人格的人，也都要或多或少學會在自己的命運軌道中安靜忍受。當命運將他拋向山林，那麼他就在山林中自在逍遙；當命運將他召回朝堂，那麼他就在名教中自得樂趣。不無謂抵抗，不無謂掙扎，一切聽之任之，周旋於這人間世中少不了的諸般「不得已」。《莊子注》甚至不無安慰地說：對於聖人而言，就算他身在廟堂之上，但他的心卻完全可以跟在山林中隱逸時一模一樣。[20]

西元八世紀，傑出的唐代詩人王維，在身居都市與朝堂之際，依然過上了山林的生活。但這片山林，並非未經雕飾的天然野趣，而是在山川河谷之間精心營造的園林。這是一座壯美的莊園，不僅有刻意種植的多種植物，還用心點綴了許多亭台館閣。在此後相當長的歷史中，這座叫作「輞川

別業」的著名莊園，一直是中國古代園林藝術的代表和典範。王維對其心儀有加，特意為其繪製了一幅《輞川圖》。這幅圖成為後世士大夫在都市園林中過隱逸生活的榜樣。不僅白居易在詩中多次表達自己的嚮往，而且即使到了明代，吳門畫派大師仇英也依然充滿敬意地創造性描摹。仇英這幅誇張如仙境指南的《輞川十景圖》青綠設色大長卷（圖3-9），如今藏於遼寧省博物館。

「小隱隱陵藪，大隱隱朝市。」這是西晉王康琚留下的著名詩句。從走向野性十足的山林，到在都市的邊緣再造馴化過的園林，隱逸有無數種可能性。無論陵藪還是朝市，無論是山林還是園林，如果你的內心能始終保持必要的疏離、逃逸和不在意，那麼，即便在司馬昭的眼皮底下，你也依然可以像在山林中傾聽流泉飛落那樣曠然自適。這就是《莊子注》的作者，留給他們自己以及未來每一個世代中厭倦了勢利生活的人最後的安慰。

這樣，從《老子注》到《莊子注》，從王弼到向秀、郭象，魏晉玄學從「本體論」逐漸走向「心性論」。隨著人對自身內在精神世界的日益敏感，一股日益關注內心狀態的思想潮流開始漸漸露出古代中國思想世界的洋面。受外來佛教文化的進一步刺激，在八個世紀後的宋代，它終將締結出一朵奪目的浪花。

佛陀

三國到西晉末年，長江中下游地區曾流行一種罐裝隨葬品，造型奇特，擁有繁複精緻的罐頸。那裡往往被製器工匠們堆積起一個以頂部亭臺樓閣為收斂中心的多層人物建築雕塑小品。其中的人物，有的奏樂歌舞，有的雜耍逗笑，十分熱鬧。無數隻鳥兒匍匐在

3-9 仇英《輞川十景圖》
（明代）

遼寧省博物館藏

「輞川別業」是中國古代園林藝術的傳奇和典範。王維為其繪製的《輞川圖》，成為後世士大夫在都市園林中過隱逸生活的榜樣

亭臺樓閣的屋簷旁，彷彿要將它托起，飛往某個未知的地方。

對於這類器物的真實用途，今天的人們不得而知，只好猜想：有人認為它是裝穀物的存儲罐，所以也將其命名為「穀倉罐」；但更多的人則認為，它並沒有日用器具的功能，而僅僅用以承托死者的靈魂，助其去往富貴安詳的死後世界，所以稱之為「魂瓶」。博物館則選擇保持中立，以外形特徵為依據，稱其為「堆塑罐」。

其實，「穀倉罐」未必就不能同時是「魂瓶」。穀物與神靈，在我們祖先的思想中，本就聯繫得異常緊密。煮熟的粥米中附有魂靈的觀念，早在《儀禮》中就有確切的指示。[21] 相信存糧的罐中安臥著祖先的神靈，祖先永遠和他的後人生活在一起，這大概是人們選擇將一個看起來像穀物存儲罐的器物，加以改造雕飾、埋入地下的根本原因。

收藏於南京六朝博物館的青瓷堆塑人物樓闕魂瓶（圖3-10），就是一件工藝精湛的堆塑罐。它自帶紀年，製作於「天冊元年」，也就是西元二七五年。這一年，東吳末代皇帝孫皓進入了他執政的第十二年。罐身塑貼麒麟、鳳凰、獸首。上部堆塑部分，則整體構造為一座帶門闕的三層式宮殿建築，帶兩層平臺。下兩層有數人拱手踞坐，扮演幫傭的角色，最上層是一圓頂屋室。屋頂和兩層平臺四周，都有仙鳥振翅牽引。最不尋常的是，頂層屋室四面的門口，端坐著四尊作高肉髻、著通肩衣、結禪定印的佛陀。

這件堆塑罐與「青瓷釉下彩羽人紋盤口壺」一樣，都出土於帝王級別的南京江寧上坊東吳大墓。儘管堆塑罐上佛陀的位置安排更為尊貴突出，超出了一般的裝飾性含義，但仍然停留在與中國傳統神仙思想相對等的地位上，服務於兩漢以來的「靈魂升仙」意識。

將佛陀當作神仙世界中的一位，與早期來華佛教徒所傳教義多為起源於印度的原始佛法密不可

分。原始佛法由釋迦牟尼創立，後來分裂成奉行原教旨的上座部和分化而來的大眾部。之後受大眾部影響而形成的大乘教派也稱上座部為「小乘」佛教。

二十世紀德國思想家雅世培（Karl Jaspers）曾將釋迦牟尼與古希臘的蘇格拉底、中國的孔子並稱為「軸心時代」的三位聖人。將釋迦牟尼看作聖人、智慧長者，而不是法力無邊的神靈救主，這其實也是上座部教法的出發點所在。在上座部看來，釋迦牟尼是一位人世間的求道者，他所求的「道」，就是要灰身滅智，消除世間無常對人心靈的折磨和困擾，從而達到內在精神的空寂涅槃狀態。因此，為了避免受無常世界的干擾，上座部特別強調修行者遠離人群、遠離社會、遠離自己的欲望，去過一種禁欲隱遁的生活，從而實現對「自我」的破除和心靈的徹底解脫，最終證得「阿羅

「魂瓶」，也有人將其命名爲「穀倉罐」。不尋常的是，頂層屋室四面的門口，端坐著四尊作高肉髻、著通肩衣、結禪定印的佛陀。最初，佛陀被視爲神仙世界的一員，服務於兩漢以來的「靈魂升仙」意識

3-10 **青瓷堆塑人物樓闕魂瓶**
（西晉）

南京六朝博物館藏

漢果」。

上座部的這些教義和修行方式，雖然強迫要「破我執」，但是所要破的那個「我」，其實是困溺在世間、充滿欲望和渴慕的行動主體。上座部佛法所要成就的，是另一種「我」：一種徹底去除了物質塵繞、只在精神中圓融完滿的新主體。在這個意義上，上座部所追求的精神境界，既以修行者自己為中心，但也強調修行的根本目的是要獲得全新的精神體驗境界。也正是這一點，使大乘佛教覺得上座部思想中自利心仍然過重，陷入了不應該的執著之中。

細細考察教義的話，無論是在哲學思想上，還是在修行方式與目標上，上座部佛法與中華傳統神仙思想是有相當分歧的。比如說，神仙思想追求永生或不死，但上座部思想恰恰強調，生命不過是細碎物質的偶然堆積，生死全賴緣起緣滅，並不值得心靈為之掛念。但是，早期佛法傳入中國時，精微細緻的上座部教義還來不及被中國人慢慢品味，而禁欲、苦修、升華的上座部宗教觀念，看起來與神仙思想和修仙實踐在興趣點上相當接近。同時，為了克服在異質文化傳法的諸多不便，早期來華的佛教徒，也有意識地借助中國傳統神仙思想中的概念和原理，來比附性地解釋佛法。漢桓帝時期，隻身來華弘法譯經的安息國太子安世高，就因此策略而大獲成功，最終得以成為頗有影響的一代高僧大德。[22]

其實，真正將釋迦牟尼當作法力無邊的最高神的，是大乘佛教。不僅如此，大乘佛教還建構了一個以佛祖釋迦牟尼為最高神的佛—菩薩—羅漢—比丘—居士等級系統。因此，儘管從義理上看，小乘佛教與修仙思想有一定匹配度，但對於中華世界的普通民眾來說，將大乘佛教系統中的佛陀和菩薩當作神靈，實際上更為容易。

東漢末年起，飽受饑荒災害和戰爭禍亂之苦的底層民眾，已經不敢奢求在此生成仙，而只渴望

能稍稍緩解已經將他們折磨得不成樣的苦難。對於他們來說，這個目標即便此生不能實現，也一定要想辦法在來世達成。正是在這樣的民眾心理背景下，大乘佛教的佛陀和菩薩被迅速當作神靈加以崇拜，從而也為大乘佛教在普通民眾中贏得聲譽和信眾，開闢出印度佛教中國化的民眾路線。

在大乘佛教思想神靈化過程中，最具中華本土文化特色的成就，是觀世音信仰的形成。最遲在西元二世紀末，《法華經》在印度成書，這部強調自利利他的大乘佛教經典，不久後被西晉僧人竺法護移譯到漢語世界。這部經書中的第二十五品，也就是《觀世音菩薩普門品》，講述了法力無邊的觀世音菩薩如何以三十二種變化身解救在世間受苦受難的普通大眾的故事。在大乘佛教信仰中，觀世音菩薩早已成佛，只為解救眾生而「倒駕慈航」進入娑婆世界。這位偉大、慈悲、利他並且法力無邊的異域神靈，對深陷戰亂之苦的中華世界普通民眾來說，無疑是寄託心靈的最佳對象。

人類的情感永遠是藝術塑造的真正大師。早期觀世音菩薩像，比如現存於故宮博物院、西晉時期的銅觀音立像（圖3-11），刻畫的是男身佛教大師的形象。但隨著中國人對這位印度佛陀尊崇和依戀心理的不斷強化，觀世音菩薩的形象在漢語文化圈逐漸女性化、母性化。「觀音老母」的名號，最終響徹整個東亞地區，並影響到東南亞「媽祖」民間信仰的形成。[23]

早期觀世音菩薩像爲男身

3-11 銅觀音立像（西晉）

故宮博物院藏

然而，不管在一般民眾中多受

歡迎，倘若不能進入上層精英文化圈，特別是不能與中國自己的文化經典相結合，那麼，作為一種外來信仰和觀念，佛教就仍然不可能在中國文明中真正扎根。佛教進入中國文化的真正契機，還需要耐心等待。

「永嘉南渡」後，魏晉玄學的發展事實上已經停滯。「談玄論無」的魏晉玄學，將《莊子》推上中國古代經典舞臺的中央。偏安江南的東晉士人貴族在聚會中，言必稱《莊子注》。雖然郭象對「名教」與「自然」的調和，也成為他們調和入世與離塵的理論依據，但盛名之下，其實難副，理解《莊子》的思想資源這時候已經耗盡，新見解始終難以出現。直到一位大乘僧人出現，才改變了一切。

現藏於遼寧省博物館的絹本設色人物畫《神駿圖》（圖3-12），是五代時期某位佚名畫家的臨摹作品，原畫出自特別善於畫馬的唐代宮廷畫家韓幹的手筆。畫面中，一位身披袈裟的健碩中原男子，手持木杖，與他的文士朋友，各倚臥於緊鄰小溪的石臺上。持鷹的胡族僕人，恭敬地在他們身後肅立，隨時聽候主人的召喚。溪水中迎面踏來一匹由僕童駕著的駿馬，身姿飄逸，鬃毛凜凜，神采盎然。男子抬頭眺望，靜穆而專注地把視線投向它。這幅畫講述的故事，源於《世說新語》。

支道林，這位出生於中原陳留的一代高僧，自幼隨家人南渡。他早年鑽研小乘佛法，後來則因在大乘般若學上的造詣精深，而在佛教思想史上享有一席之地。支道林酷愛馬，時人中風言「和尚養馬不風雅」，支道林卻說：「我看中的是馬的神采風韻。」支道林的意思是，或許為功能而養馬不夠風雅，但倘若只為在精神世界中享受馬的英姿，那麼境界當然就不一樣。韓幹的這幅《神駿圖》，刻畫的就是這個故事。

二十五歲那年，支道林在東晉建康城裡博得了大名。成就這一點的，就在於他以大乘佛法為本，在冠蓋雲集的朝堂勳貴面前，有理有據地批判了郭象的《莊子注》。

《莊子．內篇》的第一篇《逍遙遊》，開篇就講了個大鵬與小鳥對話的寓言故事。如前所述，郭象對這個故事的理解是，萬物或許都有自己的約束，但無論是否受到約束，只要安於本性，精神就能夠自在自得，處於逍遙狀態之中。支道林在郭象的解釋中洞察到一個漏洞，他反問道：倘若安於本性就是逍遙，那麼惡棍的逍遙豈不就是不斷去做壞事？這一問可謂石破天驚，直中要害。郭象將「自性」當作實有的東西，從而認為「自適其性」乃精神逍遙的基礎。支道林的反詰，則指明「自性」並非實有。

從大乘佛教的觀點看，諸法皆空。出生於西元二世紀中葉的印度佛教大師龍樹，將大乘佛法的精神概括為「不生不滅、不斷不常、不一不異、不去不來」。大乘佛教提倡信眾要在這「八不」中，看到事情真正的本質，始終以「中道」之心來觀察。能夠做到這一點，也就獲得了「般若」智慧。

既然如此，被郭象當作實有的「自性」，當然也只是一個空。這就意味著，郭象對《莊子》的理解，或者甚至說《莊子》本身對「道」的理解，都不夠徹底。舉個例子說，《莊子．山木》中有一句話說，「物物而不物於物」。這句話也是《莊子注》的核心要義，強調了求道者要隨物而化、不為物所役使。但支道林帶來的大乘佛法卻認為，空的就是空的，所以，能真正「不物於物」的只能是一個絕對的空，而不是任何實有的「物」。這就是說，認識到不為物牽累，仍然不夠，更為關鍵的，是要從根本上否定物的存在，將一切都看作因果關係碰巧湊合而成的名相。

支道林對《莊子．逍遙遊》的解釋，深深打動了沉迷於抽象思維方法而不能自拔的東晉士人貴族群體。極端崇尚形而上學思辨的他們，終於認識到大乘「般若學」所具有的強悍抽象思辨能力。

於是他們的注意力逐漸轉移到大乘佛教經典上。「名教」和「自然」這個西晉以來一直擺在士人貴族面前的生活方式選擇難題，現在就有了新的思想觀念資源來加以消解。

已經部分漢化的大乘佛教經典於是立即派上了用場。此前，信奉大乘佛法的貴霜帝國僧侶支婁迦讖於東漢末年來華，並且在洛陽初步翻譯出了一些重要的大乘般若學經典。作為第一代佛教翻譯家，支婁迦讖在翻譯工作中遇到了難以克服的語言和概念障礙，他不得不借助道家的術語，對許多重要的佛經概念來曲折比附。這就是所謂的「格義」。格義帶來的後果，必然是漢語在把握大乘哲理時的大量曲解和誤讀。

到了支婁迦讖的學生支謙，對漢文化和漢語的理解達到新的高度。於是大乘佛經的翻譯水準也就在文質兩個方面都得到了提升。支謙對支婁迦讖譯過的佛經做了部分重譯，並且新譯了一些。這其中，有一部《維摩詰經》，它既是印度佛教早期大乘經典，也是少數完全融入中國文化遺產的佛教經典文獻，[24]還是東晉南朝時期中國江南地區最有影響力和閱讀量最大的佛教經典。正是以這部經典為文本依據，支道林帶著他的士人貴族朋友們，逐步走進大

畫中身披袈裟抬頭眺望的僧人叫支道林。他自幼隨家人南渡，早年鑽研小乘佛法，後來在大乘般若學上取得精深造詣

3-12 **神駿圖**（五代）

遼寧省博物館藏

乘佛法哲理的世界，從而也使佛教真正進入中國文明精英文化圈中。[25]這是佛教在中華世界扎根的重要一步。

《維摩詰經》這部經書，講述的是一位在家居士自稱臥病，與前來探望的文殊菩薩以及其他諸天神菩薩辯經，為他們開示大乘般若學奧義的故事。選擇一位居士作為戲劇主角，是《維摩詰經》不同凡響之處，也使其在大乘佛教經典中風格別開生面。

居士，在大乘佛教觀念中，是尚在修行、未得開悟之人。維摩詰既然是一位居士，何以能與以智慧著稱的文殊菩薩辯經，甚至為諸天神菩薩開示？唯一的可能就在於，居士維摩詰實際上早已在佛法奧義上達到至高境界，遠在諸天神菩薩的修行水準之上。

敦煌莫高窟第一〇三窟東側門相鄰牆面的空處，以經變畫的形式講述了維摩詰與文殊菩薩辯經的故事（圖3-13）。[26]這幅壁畫頗具唐代著名人物畫藝術家吳道子的用筆神韻，普遍認為是盛唐時期的作品。臥榻上，維摩詰似乎十分健康。看起來，他的「病」不在身體，不是普通人生老病死意義上的「病」。居士的「病」，在於看到眾生在幻象所堆積起來的因果世界裡掙扎沉淪，而生出救其於苦難之中的慈悲和願力。

普度眾生、實現一切眾生的解脫，是大乘佛教區別於上座部佛教最重要的思想之一。要解救眾生，就不能脫離眾生。但同時也不能如眾生一樣，重墜幻象編織的迷網。從大乘佛教的觀點看，眾生之所以執迷不悟、飽受困苦，根源在於難以破除執著心，從而無法避免由執著心導致的區分心。

既然執著於區分，是眾生心靈受苦的根源，那麼，不僅在家與出家之間的區分毫無意義，甚至連神、魔世界的區分也毫無必要，因為這都是執著的表現。在描述維摩詰與文殊菩薩辯經故事之前，《維摩詰經》借持世菩薩之口，講述了維摩詰如何應對誘惑的故事。魔王波旬為了測試維摩詰的成就，帶了魔界一萬二千天女來到維摩詰臥榻前，以聲色誘惑維摩詰。結果，維摩詰不僅不為所動，反而為諸天女說法，使她們都萌發出求佛之心。生出菩提心的諸天女，都想留在維摩詰身邊繼續求教修行，然而維摩詰卻要求她們回到魔界，用自己的菩提心打動陷溺於那裡的其他不幸生靈。

維摩詰這些舉動清楚地表明，五濁世界可以是佛國淨土，現世生活同樣可以是佛性圓滿的樂園。就像維摩詰對即將回到魔界的諸天女所說的：「修佛之法，譬如點無盡燈。每一盞點亮的燈，都能接著去點亮千百盞燈。當所有的燈都被點燃，即便魔王世界的幽冥，也會被徹底照亮。」[27] 倘

臥榻上，居士維摩詰看到眾生在幻象所堆積起來的因果世界裡掙扎沉淪，而生出救其於苦難之中的慈悲和願力

3-13 **敦煌莫高窟第103窟東壁局部**（唐）

敦煌博物院藏

若魔界的諸天女，在破除區分與執著之後，都能返身回到魔界，去成就大乘佛教自利利他的圓滿，那麼，對於困頓於東晉朝堂之上的士人貴族來說，「名教」與「自然」的衝突又算得了什麼呢？

不難想像，不論是否皈依佛門，一位困頓於精神自由與世俗塵網之間的東晉南朝士人貴族，聽到這樣的故事和道理，心靈上所受到的慰藉和支撐有多大。也正因此，《維摩詰經》作為大乘佛教思想和觀念的最佳代言人，徹底征服了南渡之後的精英文人圈。據饒宗頤先生研究，整個六朝時期，維摩詰經變畫之流行、之廣傳，為其他佛教經變畫所難以匹敵。[28]

強調透過在人間修行來成就佛果，從這一刻開始，構成了佛教中國化的教義底色。源於印度的佛教思想，正是依靠這種現實性、人間性，在兩漢儒家經學式微後八個多世紀之久的時間裡，取代了儒家文化，吸引了從王侯貴胄到普通民眾的大量信徒。八個多世紀後，當北宋思想家決心恢復儒家在中國文明中的正統地位時，他們首先要克服的，就是大乘佛教在中國文化中已經建立起來的優勢地位。

絲路

四世紀初，悄然壯大起來的匈奴部落，不僅已經獲得對山西很大一部分地區的控制權，而且吸收了河北的胡族勢力。在頻繁襲擾西晉腹地後，西元三一一年，匈奴首領劉聰派出精兵，一路燒殺，直至洛陽，徹底終結了西晉政權殘存的統治能力。

洛陽發生的事情，過了很久才傳到位於甘肅的武威和敦煌一帶。居住在那裡的外國客商那奈・萬達克聽說後憂心不已。他感到中原發生的可怕事件將開啟一個充滿災難的時代，未來中國市場將

充滿不確定性，而他自己恐怕也終將客死異鄉。做出這些悲觀沉重的預測後，那奈・萬達克決定給遠在撒馬爾罕的兩位合夥人寫封信，報告自己的所見所思，交代遺產的分配方案。但不知何故，這封信與其他七封同樣不太走運的信一起，永遠地留在了敦煌，直到一九〇七年被英國人斯坦因發現。這些信札現存於大英博物館，其中那奈・萬達克所寫的那封，被編為「粟特古信札第二號」（圖3-14）。

3-14 **粟特古信札第2號**（西晉）

大英博物館藏

遙遠的撒馬爾罕，位於今天烏茲別克斯坦的東南部，與敦煌相距兩千多公里。那裡曾是地區中最為富裕的城邦王國，住著一群酷愛經商的人，就是聞名中古世界的粟特民族。粟特人並不只是住在撒馬爾罕，也居住在許多個其他小型商業城邦中。到西元四世紀初，漢、貴霜、帕提亞和羅馬四大帝國國力日益衰微，彼此官方貿易中斷，這些小型城邦中的粟特人抓住這一歷史機遇，靠著勤勞和勇敢，在馬蹄和駝鈴聲中行走於西域或中亞的廣袤土地上，悄然成為大國貿易的中間人。

粟特商人宛如中古歐亞世界的文明搬運工。他們從西邊運來金銀、香料、藥材、奴婢和珍奇動物，又從東邊運走布匹和絲綢，甚至不畏艱險地穿越印度，經由越南到達中國南方沿海地區。他們在騰挪財富、物產、藝術、知識、信仰的同時，賺取驚人的差價，用自己的腳步將歐亞大陸上一個個偉大的都城和富庶的城邦串連成線。這條從長安、洛陽直至羅馬的線路，最早由西漢帝國人張騫開拓，在充滿貿易精神的粟特人腳下，又不斷充實、豐富。一八七七年，德國地理學家李希霍芬（Ferdinand von Richthofen）給這條線路起了個優雅的名字：絲綢之路。

絲綢之路是商業之路、和平之路，也是夢想之路。就像任何一個偉大的城市那樣，撒馬爾罕城自然有它的陰影。對於那些沒有任何本金和資源的粟特人來說，放手一搏，走出撒馬爾罕，走到傳說中的東方帝國的都城，或許會有意想不到的機會。故宮博物院中收藏的一件唐代三彩雕塑，就生動講述了一個撒馬爾罕貧苦百姓的「中國夢」。

這件「三彩胡人騎駝俑」（圖3-15），主體雕塑是一頭風塵僕僕的駱駝。駱駝雙峰間坐著一個瘦弱的粟特人。他身著粟特人標誌性的三角翻領大衣，雙手緊扶胸前駝峰，身姿拘謹，目光卻遠眺前方，彷彿對未來命運充滿渴慕和期待。在他肩上，匍匐著一隻猴。這是這位粟特人僅有的財產，也說明了他馴猴師的卑微身分。像這位馴猴師一樣靠出賣雜耍手藝來娛樂東土人民以謀取生計的粟特人，早在東漢末年就已進入中國。他們的地位一直十分卑微，毫無可能進入中古中國的上流精英社會。但另一些抱團取暖、專營商貿的粟特人，命運就大為不同了。

對於那些試圖透過貿易來致富的粟特人，單獨行動絕無成功的可能，所以他們結成武裝商隊，跋涉於戈壁和海洋。在這些商隊中，將人群組織起來的首領叫作「薩保」。從離開故土踏上艱苦的貿易之路起，薩保就一直是商隊的領袖；而等到商隊最終選擇在某個貿易點上定居下來之後，他又將轉換身分，變成粟特社區的統治者。[29]

對於那些沒有任何本金和資源的粟特人來說，放手一搏，走出撒馬爾罕，走到傳說中的東方帝國的都城，或許會有意想不到的機會

3-15 三彩胡人騎駝俑（唐代）

故宮博物院藏

在中古中國的北方世界，強大的粟特商團星雲密布，他們圍繞主要的城市甚至都城，以聚居方式形成一個個貿易點，連成財富的網路。對於任何一個試圖在北方建立起帝制政權的軍事領袖來說，如何處理這些有組織的粟特商團，都是一個重要的執政議題。從拓跋氏統一中古中國的北方世界、建立北朝起直至唐代，中華世界的中央和地方政府逐漸找到了消化吸收粟特商團的模式，那就是將薩保作為一種正式制度，納入帝國官僚系統中。透過設立「薩保府」，帝國中央正式承認了薩保及其家族的政治地位，賦予了他們領導粟特社區的合法權力。

曾經在很長的一段時間內，人們對中古中國北方世界粟特社區內部生活方式的瞭解，只能透過史書的文字記載來想像。語焉不詳或矛盾重重的文字遺存，給後人增加了許多理解上的困難。二十

3-16 **安伽墓門額**（北朝）

陝西歷史博物館藏

世紀末至本世紀初，虞弘墓、史君墓等高等級粟特貴族墓的連續發現，從根本上改變了這一點。這其中，二〇〇〇年出土於西安北郊的北周安伽墓，價值尤為特殊。這是迄今所知最早的薩保墓。

根據完整墓誌記載，墓主安伽死於西元五七九年。他生前不僅出身高貴，而且地位極為顯赫，是經過朝廷正式任命的同州薩保。他的墓門上方有一座不同尋常的拱形門額（圖3-16），上面繪製著奇特的景象：畫面左右下角各有一位粟特人，神情莊重平和，各對著一只有火焰升騰的熏爐而拜。兩個鷹腿人身的神靈，則各戴口罩，拿著火鉗，輕觸供養人奉獻的祭品。畫面中心是蓮花基座上站立著的三頭駱駝，牠們以背為台，托舉起一個蓮瓣須彌座。一團熊熊聖火，就在這須彌座上燃燒。聖火上方飛舞著兩位天人，左邊彈奏琵琶，右邊擺弄箜篌。

口罩、鷹人、駱駝和聖火，以毋庸置疑的明確性，使畫面含義指向一種流行於粟特人遙遠故鄉的信仰。[30] 這就是起源於古代伊朗的瑣羅亞斯德教，也就是所謂的「拜火教」。在中國人還不知其名稱時，曾稱之為「祆教」。

根據祆教教義，火之所以如此高貴重要，在於它能給人以正義的力量和勇氣戰勝邪惡。祆教信仰認為，世界是一個善惡混雜的地方，被稱作馬茲達的神則是最高智慧所在。馬茲達教給人以正義和真理，但卻並非全能，因為在幽暗的地方，還潛伏著黑暗之王、惡神阿里曼。雖然馬茲達與阿里曼的競爭最終將以善戰勝惡為終結，但這場善惡大戰的過程卻驚心動魄，事關每一個人類生靈的得救或毀滅。

正是由於強調善惡之間的截然對立和相互鬥爭，祆教的一元論神學思想中，就蘊含了二元論的哲學思想，並且產生了倫理含義。按照《阿維斯陀經》的說法，到底是走馬茲達指引的路從而到達善，還是走阿里曼誘惑的路從而到達惡，是擺在每一個人面前不得不做出的抉擇。通往善的道路上，一個人的內心將被善念縈繞，從而口出善言，施行善事，他們最終所走到的地方，將充滿智慧、安寧與平和。但通往惡的道路上，一個人的內心則將被惡念裹挾，從而口出惡語，多行不義，最終走向一個囚籠般的地獄世界。[31] 與善的光明世界不同，地獄世界既是黑暗的，也是暫時的。馬茲達註定將取得善惡大戰的勝利。之後，惡的世界將被消滅融合。因此，歸根到底來說，整個世界只有一個前途，那就是通向善的王國。惡終將無處可逃。

祆教認為，面對著善與惡，人有責任依靠自己的意志去選擇善。從哲學上說，這個觀念是祆教信仰的最偉大之處。《阿維斯陀經》指出，善是一個人在認知中對真理和智慧的擁抱，而惡則是沉

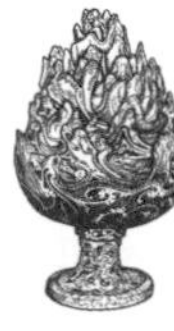

溺於虛假、謊言和各種形式的自我欺騙的後果。可見，祆教意義上的善和惡，是一種認知意義強烈的概念，強調一個人必須在心靈中把握到真相和幻覺的區分，並且毫不猶豫地接受真理的引導。正因此，儘管大量富有特色的祆教教儀（比如奇特而著名的祆教葬儀）無不說明祆教的宗教本質，但正是在對智慧和真理的極度推崇中，祆教也無意之間淡化了透過教儀獲得拯救的意義。就像《阿維斯陀經》所表明的，「獲得智慧」才是一個人過善的生活、成為善的人的終極法寶。

祆教創立者瑣羅亞斯德的生平已經很難考證，但比較明確的是，《阿維斯陀經》中蘊含著豐富哲學二元論思想的《伽泰》篇，確為他本人所創作。在文明碰撞、融和的歷史長河中，這些粗略但明確的「善惡二元」與「意志自由」觀念，一旦脫離祆教這一原始母體，就會在哲學和神學兩個方向上獲得更為精巧的發展。瑣羅亞斯德死去許多年後，祆教蘊藏的思想和觀念從古代伊朗—波斯世界走向地中海，進入希臘、敘利亞和埃及地區，不僅深刻打動了古希臘哲學家柏拉圖和後來的柏拉圖主義者，還成為了基督教和伊斯蘭教的重要思想來源。

祆教創立很久以後，西元三世紀中葉，古代伊朗—波斯世界進入薩珊帝國時期。一位來自底格里斯河畔叫作摩尼的人，到處宣稱自己是繼瑣羅亞斯德、耶穌和釋迦牟尼之後的第四位，也是最後一位先知。摩尼的說法龐大而富有體系，雜糅了祆教的善惡二元論思想、基督教的耶穌崇拜和啟示錄拯救說以及佛教的禁欲主義和輪回觀念。[32] 摩尼的行動在當時堪稱驚世駭俗，因為在有文字記載的歷史上，這乃是人類第一次有意識地透過融合不同的已有宗教學說來創建新教。這一次，摩尼創建的新教被稱為「摩尼教」。在中國史書中，它也叫「明教」。

融合既是創新，也意味著異端。在瑣羅亞斯德教已被確立為國教的薩珊波斯，摩尼和他的門徒顯然不會有太好的運氣。大約在西元二七六年的時候，摩尼被國王瓦赫蘭一世殺害。之後，波斯摩尼教徒為躲避迫害，向東逃竄，進入中亞地區。西元四世紀末開始，隨著中國北方的統一，大宗貿易需求也與日俱增，無利不往的粟特人熱情奔波於中亞綠洲與長安洛陽之間。摩尼教終於找到了它的新客戶：粟特商團。

粟特商團經由敦煌，將摩尼教帶入中原世界。中國國家圖書館藏有一份以漢語撰寫的摩尼教文獻《摩尼教殘經》（圖3-17），一九〇七年由斯坦因在敦煌莫高窟藏經洞發現，與流失海外的《摩尼光佛教法儀略》、《下部讚》並稱「摩尼教敦煌漢語三經」，是現世僅有的三份漢語摩尼教文獻之一。這說明，信奉摩尼教的粟特商團，並不打算將摩尼教作為自己的文化私藏，他們試圖將其傳入中古世界的漢語文化圈。

但這件事多年中都不太順利。直到西元六九〇年，摩尼教才終於在盛唐帝國遇到了千載難逢的機會。這一年，古代中國唯一的女皇帝武則天改元登基。

武則天稱帝後一直面臨一個哲學難題，事關其帝位的合法性：在一個男權社會，為什麼女人可以做皇帝？陳寅恪先生犀利分析說：為了證明自己可以做皇帝，武則天就不能求助於強調男尊女卑的儒家經典。[33] 於是，佛教徒僧法明敬獻《大雲經》，以「受記女身而為聖王」的大乘教義為武則天背書。將女神「善母」奉為世界主宰的摩尼教，自然不會放過這個機會。西元六九四年，摩尼教士拂多誕朝覲，獻上摩尼經典《二宗經》。對影響日益擴大、信徒越來越多的佛教已動限制念頭的武則天，於是就順勢抬舉起摩尼教來。[34]

除了服務政治目的之外，武則天對摩尼教教義其實毫無興趣。甚至，我們完全可以合理懷疑這位女皇帝到底有沒有對拂多誕獻上的《二宗經》中的思想和觀念有過瞭解，因為這部摩尼經典其實很不尋常，它宣揚了摩尼教的一個根本觀點：世界是邪惡的，必須拋棄。

祆教在談到善惡二元論時，強調每個人有責任去選擇善的生活，但對善土何在、惡國何在的問題，講得並不清楚。摩尼對祆教的善惡二元論加以改造，透過闡發一套奇特的宇宙創世論，將所有由物質所組成的東西都貶斥為邪惡，從而將整個物質世界都劃進了惡的國度。這就意味著，從人的肉體，到世界本身，本性上都是邪惡的。收藏於大英圖書館的摩尼教文獻《下部讚》，就將人的肉身比喻成墳墓。[35]墳墓也是牢籠，其所掩埋和囚禁的，就是摩尼教觀念中善的所在：永生的靈魂。

可見，摩尼教的善惡二分，已經不像祆教那樣，只是心靈認知意義上的真理與幻覺的二分，而是非常具體地對應著物質與精神的二分。物質是墮落的、悲慘的、邪惡的、充滿腐蝕性的，而純粹精神則是善良的、高潔的、神聖的、努力尋求拯救的。對一個人來說，克服他的肉體，就是真正的拯救之道；對世界本身來說，克服自己的物質性，才能重建善土。

粟特商團打算將摩尼教傳入中古世界的漢語文化圈，但它教義中的厭世情緒，與注重當下、熱愛現世生活的中國哲學存在根本衝突，因此也就不可能融入中華文化主流之中

3-17 摩尼教殘經（唐）

中國國家圖書館藏

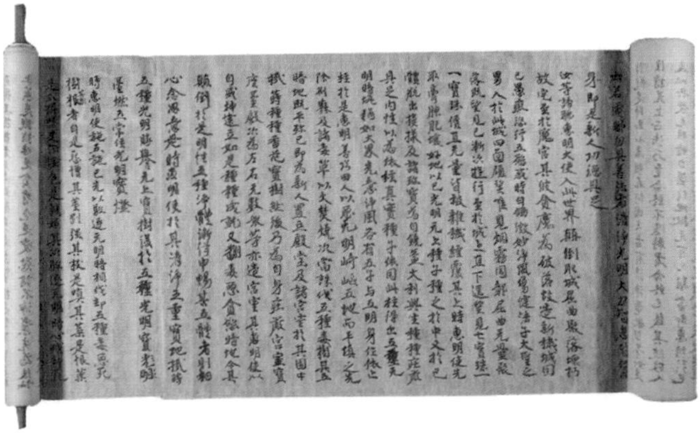

俗世是靈魂的敵人，是困頓神靈的邪惡陷阱。摩尼教不遺餘力地宣傳，在世界的末日，當一切物質性，也就是世界本身被毀滅時，最純淨的善土也將降臨。現存《二宗經》殘片中，就娓娓道出了一則預言，表示世界終將處於審判之火中，邪惡會永久留在物質之中忍受欲望的折磨，而善人的靈魂則將升入純粹精神性的光明世界。

將此刻、當下、現世以及我們的身體當作牢籠、視若仇敵，以為人能夠僅僅依靠精神的力量獲得「拯救」，認為人的精神能夠最終克服肉體的限制，從而進入擺脫了一切物質性的「另一個世界」，這是一種哲學上的「反宇宙論」，也是西方文明特有的「靈知主義」思維。[36] 儘管摩尼教在中國一直存續到元代，在福建沿海等地留下許多物質文化遺存，但其教義中的厭世情緒，與珍視此刻、注重當下、熱愛現世生活的中國文化存在根本衝突，因此無論他們怎麼努力，也都不可能融入中華文化主流之中。

西元一六二三年，氣若游絲的明王朝正在它的最後歲月中勉力維持。早先沿著海路從廈門、澳門、廣州等地進入中國的西方天主教士，此時人數頗具規模。利瑪竇等教士已經北上朝覲過皇帝，與朝廷大員建立了良好關係。日後的禮部尚書兼文淵閣大學士、近代西方自然科學的著名愛好者徐光啟甚至已經受洗了二十年之久。就在這一年前後，陝西西安附近出土了一塊製作於近八個半世紀前的石碑，碑頭正中赫然刻了一個十字架，震驚了這些中外天主教徒。這就是「大秦景教流行中國碑」（圖3-18）。

「大秦」，是中國古代對近東敘利亞地區的稱謂。西元四二八年，敘利亞天主教士聶斯脫里出任君士坦丁堡牧首，在反對論敵的同時，他創立了基督教異端聶斯脫里派。

正統天主教認為，上帝只有一位，聖父、聖子、聖靈「三位一體」，只是上帝為了創世、救贖

粟特人爲自己的聶斯脱里派信仰找到了不錯的行銷策略，「貼牌」上市爲景教。但盛唐帝國的人民，最終也只是選擇性地接受了夾雜其中的異域新奇技術

3-18 大秦景教流行中國碑（唐）拓片

原碑藏西安碑林博物館

和創教這三件事而借用的名號。因此，聖子耶穌是神。但按照《新約》，耶穌也是瑪利亞所生的生物學子嗣。那麼，耶穌身上的神性和人性，究竟是怎樣一種關係？瑪利亞誕生耶穌這件事，到底屬於人性範圍，還是具有神學意義？聶斯脫里派對這兩個問題的解釋，構成了他們之所以被劃為基督教異端的原因：他們既認為耶穌是神而且是人，也認為瑪利亞只是生育了耶穌的肉體而沒有賦予其神性。結果，聶斯脫里派就顛覆了正統天主教教儀的核心：聖母崇拜。

作為基督教異端，聶斯脫里派不出意外地受到正統教會的迫害，其追隨者於是四散流落到波斯、阿拉伯和印度地區。西元六五一年薩珊波斯被新興的阿拉伯帝國攻滅，粟特商人為獲取最大的商業利益，故意向中原帝國隱瞞了這一事實，繼續冒充薩珊帝國的使臣來往於中國與西亞之間的陸地和海上。[37] 他們當中有不少人，這時已經信奉聶斯脫里派教義。

除了傳統的北方陸上絲綢之路，中國南海與波斯地區的海上交通線這一時期也日見繁華。在後來的多個世紀裡，廣州逐漸成為粟特商人進出中國的重要門戶。一個以廣州為中心的嶺南貿易圈初步形成。聶斯脫里派，就這樣從陸路和海路，隨著粟特人的腳步，來到中華世界。

從史書記載來看，聶斯脫里派粟特人在中國的確受到了熱烈歡迎，但原因卻未必能讓他們自己感到高興。在四散逃離時，聶斯脫里派基督徒從敘利亞和阿拉伯地區還帶走了許多源於地中海世界的醫學、天文學和機械製造技藝。於是，聶斯脫里派在粟特人中收穫信眾的同時，也使這部分粟特人看起來宛如中古世界裡掌握國際先進技術的專家。那些奇巧的技藝和炫目的珍玩最終到達長安，讓城裡的王宮貴胄們興致盎然。[38]

以昂貴的價格將珍奇商品賣給中國人，對於粟特商人來說當然充滿誘惑力。但作為信徒的他們，心願又不止於此。傳教，在某種程度上是他們更高的使命和追求。西元七世紀的唐帝國儘管以包容和國際化著稱於世，但它的人民在心理和觀念上畢竟不易接受飽含末世論色彩的基督宗教。為此，精於商貿的粟特人為他們的聶斯脫里派信仰，找到了一個也許對傾銷商品確實有效的行銷策略：「貼牌」上市。

粟特人以「景」字來命名聶斯脫里派基督教，稱其為「景教」。這是因為，當時長安城裡佛教密宗「大日教」勢頭日盛，而且唐帝國所推崇的中國本土道教經典中也有《黃帝內外景經》一書。因此，粟特人取「景」字中蘊含的光明、燭照之意以附和聲勢浩大的佛教，又取其字形的一致以附和中國本土的道教。這些做法的根本目的，是在渾水摸魚中擴大自身信仰在宗教市場競爭中的品牌標識度。

但信仰畢竟不是商品。信仰越是篤定，也就越是純粹。一個連教名都模棱兩可含混其詞的宗教，不可能吸引到全心皈依的信眾。「貼牌」行為的代價十分慘重，除了給潛在客戶造成認知混亂外，完全無助於大秦景教流行中國碑中所提到的「三位一體」、「天主造物」、「神性完美」、「原罪有害」、「耶穌救贖」教義在中華世界的傳播。盛唐帝國的人民，依憑實用理性的智慧，最終選擇性接受了粟特景教徒帶來的新奇技術，而剝除掉了他們的信仰。

西元七五五年，「安史之亂」爆發。景教徒伊思為平定這場叛亂立下奇功，得到皇室嘉獎，獲賜紫衣袈裟，為景教在中華世界擴大地盤注下一劑強心針。景教寺也由此在唐帝國的許多地方建立起來。大秦景教流行中國碑就是在此背景下，由興高采烈並對未來充滿期待的景教徒立下的。但景教徒顯然過於樂觀了。伊思立功的原因極其世俗化，乃是為平叛大功臣郭子儀出謀劃策、籌備軍需。所以，皇室的嘉獎雖然肯定了景教，但具體的表揚點卻跟耶穌基督無關。[39]

在陸地和海洋的絲綢之路上，粟特人不僅是傑出的貿易商人，而且是重要的宗教文化傳播者。

旅途的艱苦與不測，使他們不得不將自己的命運託付給各種各樣的神靈。他們在家鄉帶走瑣羅亞斯德的火壇，又在商旅路上遇見釋迦牟尼、摩尼和聶斯脫里的哲嗣。他們擁抱了中古世界的各種信仰，也滿懷信心地將這些信仰帶入東方，試圖讓它們在中華世界生根發芽。從西元三世紀到西元八世紀，每一個統一、強大，因而充滿文化魅力的中華王朝，都以包容的態度待之。但祆教、摩尼教、景教這著名的中古「三夷教」，卻因其教義和教儀中超越塵世的末世論色彩，始終沒有被中華文化主流所接受。

西元八四〇年之後的五、六年間，唐武宗李炎發動了著名的「會昌滅佛」行動。伴隨著粟特人的腳步走入中原大地的外來宗教，遭遇了一場集體浩劫。之後，根基深廣、已被帝國的各個階層所接受的佛教，在武宗死後部分恢復了元氣。「三夷教」則從此一蹶不振。祆教日漸淪為愉悅人民的民俗雜耍，摩尼教被異端化為「吃菜事魔」的邪思，景教則被吸收進中國傳統文化的方技系統。[40]它們無一作為宗教在中華世界贏得成功。

如果說秦漢帝國是中國文明的一次偉大試驗，那麼從三國到唐末，則是中國文明的另一次偉大試驗。在這七個世紀中，無論是戰亂、饑荒還是王朝政權的頻繁更迭，都沒有削弱中華文化吸收融合各種異質性文化的強大動能。來自異域他鄉的人民、文化、思想和觀念，無論以軍事暴力的方式還是以商業和平的管道，只要進入中華世界，就被一股無比強大的文化向心力所吸引、包容、改造，最終匯入中國文明的母體之中。這是人類文明史上偉大的七個世紀，也是歷史本身的一場奇蹟。經過這七個世紀的熔合與鍛煉，中華文化的根系變得格外粗壯，枝葉也日益雍容繁茂。不久後，以這七個世紀的思想和觀念積澱為基礎，一股新的思想潮流將湧上中國文明的潮頭。

註釋

1 關於佛教進入中國的路線，學術界存在爭論，概括起來分三派：一是認為經由西域走陸路傳入，一是認為經南方海路傳入，還有一種觀點認為從緬甸經雲南四川一線傳入。從目前的考古證據分析，西域說應當是最為確鑿的。參見榮新江：《陸路還是海路？——佛教傳入漢代中國的途徑與流行區域研究述評》，《北大史學》，二〇〇三年第一期，第321－342頁。

2 按照藝術史學者石守謙的區分，所謂「規鑑畫」又分為「畫像規鑑」和「故實規鑑」。所謂的「畫像規鑑」，是以歷史人物的畫像為主，並不附加其他情節的描繪，而依賴觀者對此任務的認識來進行勸誡；而「故實規鑑」則是透過表現歷史上發生過的具有教育意義的某一事件，來達到教化勸導功能。參見石守謙：《風格與世變：中國繪畫十論》，北京大學出版社，二〇〇八年版，第97頁。

3 《白虎通義·三綱六紀》：「君臣法天，取象日月屈信（伸），歸功天也。父子法地，取象五行轉相生也。夫婦法人，取象六合陰陽，有施化端也。」

4 馮友蘭先生也認識到，這套制度的後果，就是建立起了「名詞」崇拜。參見馮友蘭：《三松堂全集》第十一卷，河南人民出版社，二〇〇〇年版，第81－84頁。

5 《後漢書》：「漢世亂而不亡，百餘年間，數公之力也。」

6 陳寅恪：《述東晉王導之功業》，收於《金明館叢稿初編》，生活·讀書·新知三聯書店，二〇一五年版。

7 鄭岩研究認為，北魏孝子圖文化的普及和流行，與胡靈太后掌握權柄並利用「子貴母死」制度安排的漏洞強化權力有關。參見鄭岩：《逝者的面具：漢唐墓葬藝術研究》，北京大學出版社，二〇一二年版，第280頁。

8 關於石室的功能，巫鴻等學者認為是葬具，而林聖智等學者則認為是祠堂。鄒清泉教授對此有進一步深入探討，參見鄒清泉：《圖像重組與主題再造：「寧懋」石室再研究》，《故宮博物院院刊》，二〇一四年第二期。

9 陳寅恪：《陳寅恪集·詩集》，生活·讀書·新知三聯書店，二〇〇〇年版，第12－17頁。

10 日本學者宮崎市定對「九品官人法」的研究頗具經典性，甚至代表了日本學界對中國古代史研究的最高水準。參見宮崎市定：《九品官人法研究：科舉前史》，韓昇、劉建英譯，生活·讀書·新知三聯書店，二〇二〇年版。

11 湯用彤先生認為，《人物志》中受老莊道家思想影響較大者有二，一是立身之道，二是人君之德。參見湯用彤：《讀人物志》，收於《魏晉玄學論稿》，生活·讀書·新知三聯書店，二〇〇九年版，第15頁。

12 馮友蘭先生指出，這一時期許多士人「雖宗奉道家；而其中之一部分，仍推孔子為最大之聖人」。參見馮友蘭：《中國哲學史》，華東師範大學出版社，二〇一五年版，第59頁。

13 《世說新語》：「王輔嗣弱冠詣裴徽，徽問曰：『夫無者，誠萬物之所資，聖人莫肯致言，而老子申之無已，何邪？』弼曰：『聖人體無，無又不可以訓，故言必及有；老、莊未免於有，恒訓其所不足。』」

14 陳寅恪先生在《魏晉南北朝史講演錄》中認為，曹魏政權以寒門取代袁紹所代表的高門士族掌權，到了司馬氏代魏，則實際上是接續了袁紹從而實現了高門士族的再次掌權。參見陳寅恪：《魏晉南北朝史講演錄》，萬繩楠整理，廣西師範大學出版社，二〇一九年版。

15 羅宗強先生將這二十八種活法歸納為入世、遊戲人間和出世三類。參見羅宗強：《玄學與魏晉士人心態》，天津人民出版社，二〇〇五年版，第82頁。

16 這個考證的實物證據是巫鴻先生在北京大學人文社會科學研究院舉辦的二〇二一年度榮譽講座「山野的呼喚——神山的世界」中給出的。

17 陳寅恪先生認為，「竹林之遊」並非歷史的真實，而是東晉好事者所捏造；「七賢」則是時人附會《論語》「作者七人」的說法而杜撰。參見陳寅恪：《魏晉南北朝史講演錄》，萬繩楠整理，廣西師範大學出版社，二〇一九年版，第48頁。

18 據韋正先生考證，「竹林七賢」主題的墓室壁畫出現時間可上推至劉宋。參見韋正：《將毋同：魏晉南北朝圖像與歷史》，上海古籍出版社，二〇一九年版，第85頁。

19 《論語·為政》：「子曰：為政以德，譬如北辰，居其所而眾星共之。」

20 《莊子注》：「夫聖人雖在廟堂之上，然其心無異於山林之中。」

21 日本民俗學家小南一郎認為，中、日文化在穀倉和祖先神靈之間關係的看法上具有許多相似之處。參見小南一郎：《壺形的宇宙》，《北京師範大學學報》，一九九一年第二期，第28－31頁。

22 據《高僧傳》的記載，安世高「七曜五行之象，風角雲物之占，推步盈縮，悉窮其變；兼洞曉醫術，妙善針脈，睹色知病，投藥必濟；乃至鳥獸鳴呼，聞

聲知心。於是俊異之名，被於西域；遠近鄰國，咸敬而偉之」。

23 參見陳祖芬：《佛教對媽祖文化的影響》，《中國宗教》，二〇一八年第三期；以及錢寅：《從觀音菩薩到媽祖：民間信仰傳說形成的一種模式》，《集美大學學報》，二〇一九年第一期。

24 這是法國漢學家戴密微的觀點。轉引自孫昌武：《中國文學中的維摩與觀音》，中華書局，二〇一九年版，第36－37頁。

25 南朝名士常以《維摩詰經》為中心與僧侶開展思想交流。參見孫昌武：《中國文學中的維摩與觀音》，中華書局，二〇一九年版，第96－135頁。

26 經變畫，是用畫像來表達佛經內容的藝術形式。按照唐代張彥遠《歷代名畫記》的記載，最早的維摩詰經變畫，大約是南朝時期宋政權的袁倩所畫。維摩詰經變畫目前存世的，有壁畫、紙本畫、絹本畫等多種載體形式。現存可見的最早一幅，在敦煌莫高窟第四百二十窟的北壁，是隋代時期作品。

27 《維摩詰經．菩薩品》：「維摩詰言：諸姊！有法門名無盡燈，汝等當學。無盡燈者，譬如一燈燃百千燈，冥者皆明，明終不盡。」

28 饒宗頤：《饒宗頤史學論著選》，上海古籍出版社，一九九三年版，第392頁。

29 參見榮新江：《中古中國與粟特文明》，生活．讀書．新知三聯書店，二〇一四年版，第13－187頁。

30 姜伯勤：《中國祆教藝術史研究》，生活．讀書．新知三聯書店，二〇〇四年版，第95－120頁。

31 龔方震、晏可佳：《祆教史》，上海社會科學院出版社，一九九八年版，第13－16頁以及第57－62頁。

32 〔美〕漢斯．約納斯：《諾斯替宗教：異鄉神的信息與基督教的開端》，上海三聯書店，二〇〇六年版，第191－192頁。

33 陳寅恪：《武曌與佛教》，收於《金明館叢稿二編》，生活．讀書．新知三聯書店，二〇〇一年版，第165頁。

34 王媛媛對此有精彩分析，參見王媛媛：《從波斯到中國：摩尼教在中亞和中國的傳播》，中華書局，二〇一二年版，第115－130頁。

35 馬小鶴：《粟特文「肉身」考》，《粟特人在中國：歷史、考古、語言的新探索》，中華書局，二〇〇五年版，第480頁。

36 〔美〕漢斯．約納斯：《諾斯替宗教：異鄉神的信息與基督教的開端》，上海三聯書店，二〇〇六年版，第196頁。

37 朱謙之先生指出，「開元以後來中國朝貢的波斯使者可能很多是波斯商人冒充的使節」。參見朱謙之：《中國景教》，人民出版社，一九九三年版，第57頁。

38 朱謙之：《中國景教》，人民出版社，一九九三年版，第61－65頁。

39 實際上，在籌募軍需尤其是軍款方面，景教徒伊思遇到了強勁的對手，這就是佛教徒神會。根據《宋高僧傳》中《神會傳》記載，神會在「大府各置戒壇度僧，僧稅緡，謂之香水錢，聚是以助軍須」。

40 蔡鴻生：《唐代景教再研究序》，收於林悟殊著《唐代景教再研究》，中國社會科學出版社，二〇〇三年版，第4頁。

第四部分

心靈與世界

北宋士大夫的心靈，已經厭倦了盛唐的奼紫嫣紅與金光銀色，渴望沉浸於一種空靈、安靜、中和、樸素之中

4-1 汝窯青瓷蓮花溫碗
（北宋）

臺北故宮博物院藏

九個世紀前的某一天，河南汝州一座窯場的工匠們正小心翼翼打開窯爐門。上百件瓷器已經在一千三百度高溫下灼燒了十幾個小時。但工匠們並不著急，反而任由器表溫度迅速降低。窯爐中不斷傳出琳琅碰撞般的清脆聲響。整爐瓷器就在這叮叮咚咚的碎裂聲中經受製作工藝的最後一環，任由時間和自然在它們身上刻畫絕無重複的痕跡。等到回復了常溫，工匠們將它們一一取出。四十%以上的報廢率並不令人意外。真正令人意外的是，在人與自然的精巧合作下，誕生了一件無與倫比的精品：汝窯青瓷蓮花溫碗（圖4-1）。

溫度還原過程中發出的聲響，化作溫碗表面一條條細密的開片紋路。晶瑩剔透的釉體，散出像雨後天色那樣神祕的光澤。細密紋路對釉質的分割，讓這只溫碗看起來如玉似冰。此刻，如果碗的邊緣恰好與光線處於特定夾角，一道玫瑰色的微光就會閃現在人們眼中。那是瑪瑙粉添加進釉料，經過高溫灼燒後，奉獻給心靈的一絲慰藉。當歷史進入西元第十二個世紀，欣賞和把玩這只溫碗的心靈，已經厭倦了盛唐的奼紫嫣紅與金光銀色，渴望沉浸於一種空靈、安靜、中和、樸素之中。這是一種前所未有的文化品位。擁有這種品位的人群，大規模步入思想文化舞臺的中央才不過兩個世紀。這群人擁有一個統一身分：士大夫。

就像溫潤的汝瓷脫胎於熾焰，士大夫登場的歷史背景，充滿黷武的暴力。西元九六〇年正月初四的凌晨，在河南封丘一個叫作陳橋鎮的地方，受令北上的軍士們聚在一起，密謀一件大事。天亮時分，達成共識的眾人衝進主帥營帳，將事先準備好的黃袍強行披在點檢趙匡胤身上，然後高呼「萬歲」。驚魂稍定的趙匡胤，與軍士們約下不許虐待舊主遺勳、不許搶掠屠城的規矩後，放棄北上任務，立即折返都城開封。當天中午，年僅七歲的後周恭帝宣布禪位。趙匡胤登基稱帝，改國號為「宋」。沉淪於黑暗中已達八十五年之久的中華世界，開始看到新生的曙光。

其實，早在西元七五五年，黑暗就已經投下它的陰影。那一年末，混合了粟特和突厥骨血的皇帝寵臣安祿山，依仗手中的重兵，以「清君側」為藉口，起兵反叛。半年後，叛軍攻破潼關。唐玄宗李隆基被迫「西狩」，進入四川盆地。不多久，安祿山被自己瘋狂的兒子安慶緒弒殺。接著，將領史思明又殺掉安慶緒，並接收了整個叛軍部隊。這場令帝國蒙塵的叛亂，持續了七年多才迎來結局。儘管朝廷奪得了最後的勝利，但「大唐」這個曾經的東亞政治經濟文化中心，卻也已經面目全非。這個孕育過「貞觀之治」、「開元盛世」的偉大世界帝國，從此一蹶不振，步入了死亡期。

「安史之亂」給唐帝國帶來了劇烈衝擊。在文化上，帝國不再為自己的包容氣象感到自豪，對異族和異域文化的猜忌與懷疑日益擴大。憂心忡忡的人們開始努力重建「中國」文化的正統性。在制度上，為抗擊叛軍而不得不設立的藩鎮，在陸續蠶食掉本屬中央政府的政治、軍事和經濟權力後，已經變得尾大不掉。很快，它們發展為一個個互相割據、彼此競爭的失控強權，並在一系列偶然因素的促使下，將整個中華世界拖入「五代十國」的混亂中。

西元八七五年，黃巢糾集走投無路的華北災民，對風雨飄搖的大唐帝國發起最後一擊。他們從山東出發，一路燒殺搶掠，屠戮城市和集鎮。在順時針洗劫了整個帝國後，農民軍於西元八八〇年末攻克東都洛陽，一個多月後，進入帝都長安。這場暴力的烈度殘酷無比。十數年時間裡，黃淮流域人口銳減近五分之四。[1]長安城更是慘不忍睹。曾經璀璨的宮闕、樓宇、居第蕩然無存，「荊棘滿城，狐兔縱橫」。西元九〇四年，當軍閥朱全忠下令拆除整個長安城時，這座曾經的世界之都，只剩下些殘垣斷壁和石台地基。秦漢帝國以來北方最偉大的城市，從此再沒有恢復往昔的威嚴。

所以，黃袍披在趙匡胤身上時，天下的局面異常棘手。社會自下而上潰敗得難以收拾。中古中國門閥氏族此刻已經從肉體上被消滅殆盡。大小政權變幻登場，軍心向背隨時決定軍閥命運，沒有

任何一個軍事首領有能力建成執政超過十八年的政府，更不要說收攏星散各地的割據集團、重建統一的帝國。

對於已經建立「宋」的趙匡胤來說，最急迫的任務是要重建整個社會，徹底終結武夫獨大的局面，將暴力的猛虎重新關進籠子，讓一群既沒有野心又才華橫溢的人成為帝國統治的新基石。發端於隋代的科舉制，於是被用心加以改造、完善。不論門第、只講才學的考試制度建立起來。一個崇尚功績、鼓勵讀書，因而充滿文化氣息的新帝國冉冉升起。

身處每一個偏僻角落的讀書人，從此都看到了希望。他們相信，即便出身最底層的普通人，只要憑藉著苦學和一定程度的運氣，就有望成就青史留名的功業，使自己的家族在一代人的時間裡登峰造極。「以天下為己任」，第一次真正成為任何一個識字的人都敢於懷揣的夢想。書卷氣不僅很快改變了時代的審美，而且引發了思想和觀念的劇烈變動。隋唐以來的中國文明，由此出現了一次重大轉型。

禪道

西元前四九六年，長相頗似陽虎的孔子途經匡地，被陽虎的仇敵圍困長達五天。命懸一線之際，孔子信誓旦旦地安慰弟子說，大家不會有事，因為如果天命真的要斷絕中國文明的血脈，那麼上古以來的文化從一開始就不可能傳到他手裡。[2] 孔子在這番話中，流露出「斯文在茲」的精神，充滿使命感，也沉重悲壯。從此，每當中國文明陷入困頓和障礙之中，這段話就會像一股永不乾涸的清泉，從歷史源頭湧出，賦予人們復興「斯文」的信心和動力。

在中國的歷史上，宋帝國有點與眾不同。北宋自建國起，領土面積就沒有超過兩百六十萬平方公里，也從不將自己看作中華世界唯一的帝國。他們藉由澶淵之盟承認了遼帝國作為「兄弟之邦」的合法性。這與秦漢、隋唐帝國獨霸東亞世界的雄心大為不同。即便如此，宋帝國也有自己的驕傲和堅持，反覆聲明只有自己才是中華文化和生活方式的正統繼承者。

北宋建國之初，回顧過去幾個世紀裡中國文明走過的路，士大夫階層的精神意識中，躍動著一種深刻的不安。被譽為「宋初三先生」之一的石介，為此撰寫了一篇《中國論》，將不安的原因表達了出來。他說，從西域來的佛祖和從胡人那裡來的老聃，已經用「他們」的觀念習慣和生活方式，全方位改造了「我們」的生活方式。中土大地上的人群、大道、風俗、詩書、教育、居所、禮樂、文風、服飾、飲食，乃至祖先祭祀之儀，方方面面無不受其影響、為其所化。[3]

從一種文化的視角看，盛唐在物質文明方面取得的輝煌成就，因此就有點顯得不足道。因為物質繁華背後隱藏著巨大的精神文化危機。屬於「我們」的特定生活方式，被物質繁盛所遮蔽、肢解、抹除。然而，如果中國文明不能以文化的獨特性來自我定義，那麼，它又憑什麼充滿尊嚴地屹立於世？從古老祖先手中流傳下來、在文王和孔子的悉心呵護下發揚光大的中華文化，又如何傳遞給後世？倘若「斯文」無法在新朝賡續，那麼中華文明的傳承恐怕就要中斷。石介的憂慮正在於此。現在，既然「天命」選擇了宋，那麼帝國最重要的歷史使命就是要復興「斯文」。

早在中晚唐時期，這種憂慮就已經浮現。傳統儒家著眼於經世致用，對「人在宇宙中的位置」、「人死後的歸宿和狀況」這些問題，都加以懸擱。「子不語怪力亂神」。只有卜筮問卦、神仙方術這些不入品流的知識，才會關心這些問題。自魏晉南北朝後，世事變遷之劇烈，生命無常之極致，凸顯了這些問題對於精神生活的重要性。佛教作為宗教的巨大理論優勢，迅速填補了儒家的

思想空白，並且進一步刺激本土道家神仙方術思想宗教化，仿製建構出一套說理系統和宗教儀軌，形成了中國道教哲學。

自大唐開國以後，儒家學說雖然仍是治國思想的主要來源，《月令》和《孝經》仍然被皇帝奉若安頓世事的聖典，但儒家思想事實上一直停留在漢代經學水準上，沒有顯著發展，[4] 無力參與佛教、道教在精神世界發起的思想挑戰。加之大唐歷代君主對佛教總體上採取了文化上寬容、政治上利用、經濟上放任的管治策略，對道教更是優厚有加，所以，兩大宗教發展迅猛。最終，整個社會形成了濃烈的佛道氛圍。下品之人祈求佛祖道君的塵世庇佑和物質獎賞，上品之人則崇尚虛無寂滅和出世不朽的生活方式。儒家價值觀和生活方式，已經被排擠到精神生活的邊緣。

西元八一九年，刑部侍郎韓愈決定站出來，改變這個局面。

相傳佛祖釋迦牟尼圓寂後，阿育王曾將佛舍利分送各地。其中一枚真身指骨舍利（圖4-2），因緣際會，不遠萬里，傳到了離長安不遠的法門寺。大唐皇室每三十年就要舉行一次盛大典禮，迎接真身舍利進宮，瞻仰供奉，祈求國泰民安、國祚永續。這一傳統自高宗至憲宗，已經延續了八朝。

元和十四年（八一九年）正月，時值又一個三十年輪轉。唐憲宗決定從正月起「迎佛骨」。就在這時，韓愈上了一道聞名後世的《論佛骨表》。韓愈在表文中說到，佛祖身處「斯文」之外，既不知曉「我們」的語言，也不精通「我們」的傳統，更不理解「我們」的君臣大義、父子之情，簡直就是一位異鄉人。如果從夷狄之分的觀點看，佛祖過的是一種未開化、野蠻的生活方式。「斯文」尚且不備，法力又何從談起？所以，皇帝完全沒有必要費力勞神，空耗國帑舉辦這麼一場儀典。表文最後，韓愈建議憲宗皇帝「永絕根本，斷天下之疑，絕後代之惑」。還凜然說道，如果佛祖有靈，為此降下災禍，他就一人負責，絕不連累。

表文上達天聽，怒火從憲宗胸中燃起。[5]不必知道佛祖的想法，皇帝已經決定降下災禍。儘管有功勳重臣力保，不得不赦免韓愈的死罪，但皇帝仍貶其至偏遠的嶺南，出任潮州刺史，讓他去和烏煙瘴氣、颶風鱷魚一起生活。

大唐皇室每三十年就要舉行一次盛大典禮，從法門寺迎接眞身舍利進宮，瞻仰供奉，祈求國泰民安、國祚永續

4-2 **鎏金銅浮屠**（唐）

陝西法門寺藏

在潮州，韓愈確實嘗試過整治鱷魚，[6]但更多的日子還是在苦悶中度過。韓愈本以為，宛如文化荒漠的潮州，無人能夠走進自己的心靈，但意外的是，一位居住在當地的和尚卻有著極高的精神生活能力。他就是大顛禪師。[7]韓愈對大顛讚譽有加，視為知己。兩人情誼深重，成為精神密友。調離潮州時，韓愈甚至還給大顛留下自己的衣服，以為紀念。

蘇軾曾讚譽韓愈「文起八代之衰，道濟天下之溺」。能與這樣一位心高氣傲的大文豪談笑風生，可見大顛絕非等閒之輩。實際上，大顛是無際大師石頭希遷的座下大弟子。石頭希遷師從青原行思，算起來是禪宗第六祖惠能的第三代弟子，開創過號稱唐代禪宗兩大派系之一的石頭宗。大顛正是石頭宗的正法嫡傳。

既反對「迎佛骨」，又與高僧為友，這兩件事放在一起，聽起來好像有些奇怪。這種看似矛盾的行為，無意間也預示了兩三個世紀後宋代士大夫重建儒家文化正統地位時必須接受的一個前提。

無情的時間像翻書一樣，不斷將文明的新訊息疊加在舊訊息上。經過近十個世紀的滲透，佛教已經成為儒家文化無法遺忘、始終在場的對話者，立志復興儒學的人沒法像撕掉書本前頁那樣，徹底抹除異質文化在時間中已經產生的影響力，只能將其消化、改造、揚棄。

在重建「斯文」的浪潮中，佛教免不得會在精英文化世界裡衰落。但一抹精神餘暉卻依然足以耀眼地留在士大夫心裡，成為難以忘卻的思想光芒。這抹餘暉，就是「禪」。

「禪」是梵文dhyāna的音譯「禪那」的縮寫，是指將精神意識聚焦集中，排除雜念紛擾，進入靜心思慮的狀態。禪的思想假設了人和有情萬物在世間的一切煩惱痛苦都來自於心靈，因此，所提供的根本解脫之道，就全部集中在使心靈擺脫紛擾，重新進入寧靜安定的狀態。[8]禪以古印度文明中豐富的心靈哲學思想為依託，設計出一套調息、吐納、制欲的修行方法，[9]宣導一種非常高級的精神生活方式。與繁複的宗教儀軌、具體的造像崇拜、累牘的經書誦讀等庸俗偶像式宗教崇拜相比，禪不僅雅致平淡，而且直指要害，因而十分吸引中國的文化精英。

佛教認為，人和一切有情感能力的生靈，內心都存在五種活動方式，就是色、受、想、行、識。這五種活動方式構造出各種各樣的「心境」。人和有情生靈，就在這些心境中，感知環境對自己造成的衝擊和影響，體會自己面對環境時所回應產生的各種情緒，對不同心境狀況給予識別定性。沒有證悟的普通人，任由心境左右，內心波瀾起伏猶如遭遇颱風的江上孤舟。但得道證悟了的人，就能真正理解《金剛般若波羅蜜經》中所說的「五蘊皆空」，從而擺脫心境波瀾的悲喜處境，讓內心重新平淡如鏡，達到「定」的狀態。

「定」就是所謂的「三昧」。佛教強調，佛性恒常為空，時空中的一切皆是心境滋生出的法相。只有平息內心的紛擾，才能將有情的主體從變幻莫測的時空諸相中拯救出去，使其有望觸及佛性的本然，達到智慧圓融。所以，「定」是「慧」的準備，「慧」是「定」的目標。佛教也將「定慧」關係稱為「止觀」，意思就是說，修行者只有使自己的內心處於寂寞靜止的狀態，不復為欲望和色相擾亂，才能獲得觀照佛性真諦的內觀之眼。

正因為「定」或「止」是證悟佛性的前提，所以，調整心的狀態，就是佛教修行的門檻。《二祖調心圖》（圖4-3）相傳由畫家石恪作於西元九六三年，勾勒了一個和尚和老虎的故事。這幅水墨人物畫隨意粗狂、筆法簡單，採取減筆劃法，以形寫神，開了寫意人物畫的先河。畫面中，和尚的一隻胳膊搭著老虎的背，腦袋則擱在胳膊上，衣裳不整，雙目緊閉。老虎似乎已經睡著，但乖巧聽話的神情清晰可見。佛祖座下第十八位羅漢，恰好也是伏虎的尊者。從猛獸到萌寵的轉變，正寓意佛法的慈悲與博愛。

4-3 **《二祖調心圖》**
（五代—北宋）

日本東京國立博物館藏

和尚的一隻胳膊搭著老虎的背，老虎似乎已經睡著，但乖巧聽話——從猛獸到萌寵的轉變，正寓意佛法的慈悲與博愛。和尚是夢是醒，並不清楚，但也不重要，因爲從佛教的角度看，夢與醒都不過是心境。內心波瀾不息的人，醒著也猶如夢魘；而充滿禪意的修行，本來就是要克制一切多餘的情感和情緒

和尚是夢是醒卻並不清楚，大概也不重要，因為從佛教的角度看，夢與醒都不過是心境。內心波瀾不息的人，醒著也猶如夢魘；而充滿禪意的修行，本來就是要克制一切多餘的情感和情緒。

畫中這位和尚，法號慧可，生活於西元五至六世紀。慧可師從菩提達摩，由於後世各派公認菩提達摩為中國禪宗的開山鼻祖，因而也尊慧可為禪宗二祖。這也是畫面左下角所稱「二祖」的由來。禪宗特別重視師承宗譜。按照後世禪宗信徒的梳理和追溯，禪宗奧義的傳遞，要從釋迦牟尼在靈山拈花、弟子迦葉為之會心一笑算起。不著言語、以心傳心地揭示真妙佛心，就從那

一刻開始。達摩本是南印度人，約於西元五世紀後半葉到達中國。在他之前，源於印度的「禪」思想就已經進入中土，修禪的方法也隨著經書漢譯為人所知。但他的到來，還是給「禪」思想在中國的流行帶來了不可忽視的重大改變。其中最重要的，就是建立了一個以《楞伽經》為中心的教義思想體系，催生了「禪宗」這一佛教中國化的最後產物。

每個人都能在日常生活中感受到自己有一顆「心」。佛教告訴我們，這顆「心」是煩惱之源，也是修行之所。世人在「心」裡受困溺，也同樣在「心」裡得解脫。要達到「佛」的狀態，必須從「心」上來努力，別無他求。但問題在於，日常所感受到的那顆「人心」，究竟與「佛性」是什麼關係？《楞伽經》關於「如來藏」（佛性）和「阿賴耶識」（人心）的論述，回答的就是這個問題。

當時流行於中土的《楞伽經》有兩個譯本。[10]一個是十卷本，由大乘瑜伽系的菩提流支所譯，在北方流傳。這個譯本說，佛性和人心不是一回事；人心是受汙染的心，佛性是清淨無染的心。達摩很反對這種說法。

達摩登陸廣州後，在南方得不到弘法的機會，但他卻很看重此地流傳的四卷本《楞伽經》，於是決定攜此譯本北上，到北魏首都洛陽去。四卷本經書中說，人心就是佛性，因為佛性像種子一樣存在於一切眾生的身上（「胎藏」）。在同一顆人心中，存在著真、妄二重意識結構。所以，要成就佛性，關鍵在於遠離妄念的擺布。只要離開妄念（「離念」），就能顯露佛心真性。因此，佛性就在眾生的一念之間。

二祖慧可從達摩那裡所繼承的，就是這番楞伽教法。[11]根據《續高僧傳》記載，達摩使慧可等門下僧眾深信，「人心就是佛性」，必須接受無法改變的困苦（「報冤行」），對境遇採取隨緣的態度（「隨緣行」），對世間名利無所乞求（「無所求行」），然後凝神壁觀，才能悟出諸相實空、萬法無別的道理（「稱法行」），最終達到心靈與佛性相契合的境界。這就是達摩禪由「行入」再「理入」的「二入」法。[12]慧可之後，達摩禪教法由三祖僧璨、四祖道信和五祖弘忍接力發揚、世代傳承。

從道信開始，禪宗對達摩禪修習方法有所改變，依託《文殊說般若經》，形成了「一行三昧」的教法，也就是先收斂心意（「一行」），然後透過念佛來獲得意識的淨化，由此開啟了禪宗的「東山法門」。[13]與道信不同，弘忍則更偏好《大乘起信論》中的「一心二門」說，認為佛心和人心是一顆心，但恒常寂滅（「真如門」）與色相流轉（「生滅門」）卻都是從這一顆心中生發出來的作用和表現。因此，修禪之道的要害在於要看守住「心」的真如狀態，不讓它滑入生滅之門，生出各種妄念來。

在弘忍的學說中，佛心的「如來藏」就在人心中，但也非常脆弱。稍有不慎，色相世界的塵染就會遮蔽和汙濁它。那麼，限溺於大千世界中的平凡人，又如何才能看守住這顆真如的心，呵護住「如來藏」呢？這是個根本性的大問題。弘忍晚年在挑選衣缽傳人時，以此為考題，讓座下弟子來回答。

眾望所歸的首座弟子神秀大師寫了一句匿名偈，貼在走廊上。[14]偈語首先說，人的當下身心，就是修行佛法的淨壇，不必去尋求彼岸的解脫。這符合禪宗注重日常生活、強調此岸成佛的思想。接下來又說，人要像守護水晶球一樣守護自己的心，經常擦一擦上面的汙濁。這不能不說也符合「一心二門」的宗旨。神秀是一位好學生，連老師弘忍都曾說過，門內理解《楞伽經》最好的，只有神秀和他自己。但這一次，弘忍不太滿意，私下告訴神秀，從偈語上看，他還沒有徹悟。

廚房裡，一位來自嶺南的不識字雜役，聽說了上座神秀的偈後，自己也口誦了一句請人記下，一樣貼在了走廊上。雜役的偈說，身和心哪裡是什麼淨壇，不過都是法相的虛妄；佛心本來就是空空蕩蕩的，又怎麼會在色相世界中沾染什麼塵埃？[15] 目瞪口呆的眾人還沒反應過來，弘忍就走上前，說這句偈語實在不像話，順手將它擦掉了。到了夜半三更，弘忍密招雜役，為其講授《金剛經》，傳授達摩袈裟。禪宗的衣缽就這樣傳到了六祖惠能手中。

參禪入畫的南宋畫家梁楷深悟惠能禪教法。他用貫注著禪宗意念的筆墨運動勾勒出一幅《六祖截竹圖》（圖4-4），看似隨意自然，卻直擊事物本質。畫面中的惠能，正在劈柴的瞬間，感悟著讀經和念佛無法企及的禪機。

那麼，神秀禪和惠能禪的區別到底在哪？在終極目標上，兩人沒有分歧，都是要顯明「如來藏」。但神秀始終強調「真如心」的淨和「生滅心」的染。雖然思路遵從「一心二門」說，但他卻渲染得好像真的存在著「真如心」和「生滅心」一樣。從「萬法皆空」的角度說，神秀禪落了下乘。[16]

神秀還強調要經常給心除塵。經常除塵，那就是要在日常生活的時時刻刻、方方面面，努力息除妄念狂想，進入安定寧息的意識狀態，小心翼翼地看護、守衛真如心。這就意味著，「如來藏」好比黑暗隧道終點的夜明珠，徒步旅行的人只有靠著日積跬步的努力才能最終摸到。這是「漸悟」。

惠能則認為，世間本來就沒什麼「心」。我們所謂的「心」，不過是一種意識狀態。「心」是空的，但意識狀態不空，所以人才有那麼多煩惱滋生。因此，獲得夜明珠的契機，就在當下的每一念、每一個意識狀態。否則，假如悟不到世界的「空」和「如來藏」的真，就算在隧道裡摸索一千

在惠能看來，修禪悟道的契機，就在當下擔水劈柴的每一念、每一個意識狀態中

4-4 **《六祖截竹圖》**（南宋）

日本東京國立博物館藏

年也沒有用。假如當下就悟到了，那麼，大自在、大解脫，就在當下的挑水砍柴中。從這個意義上說，畫家梁楷本人又何嘗不是在作畫的每一個瞬間中，證悟「如來藏」的清淨與明快呢？

強調「不立文字」和「頓悟」的惠能禪，在「安史之亂」後成為禪宗正統。包括惠能禪在內的禪宗思想，不僅給後來的儒家思想發展帶來了刺激，而且也直接影響了中國道教的心性化轉型。

在宋徽宗趙佶親筆題款，也許還是親筆創作的《聽琴圖》（圖4-5）中，皇帝以道士裝扮出場，端坐在畫面中央，撥弄著琴弦。面前端坐的兩位大臣，凝神屏氣，沉醉於琴聲中。

皇帝身後一株異常壯觀的松樹，貌似蒼龍，在琴聲中接受四方來風。正是一股「氣息」，將畫面中彼此分開的人與萬物重新聯繫在一起。作畫的人顯然也相信，這股「氣息」還能將皇帝、帝國與道教所承諾的宇宙中更大的神聖秩序聯繫在一起。

這幅畫作於西元一一一七年。正是在這一年，宋徽宗宣布自己是「教主道君皇帝」。皇帝的自我冊封並非沒有依憑，慫恿他的是新出現的道教神霄派。神霄派可以說是一個雜糅了道教傳統迷信和新興哲理的奇怪綜合體。

道教發端於本土神仙方術。在模仿佛教偶像式崇拜的過程中，建立了自己的神祇和宗教儀軌系統。煉丹服丹本來是道教從神仙方術中繼承來的祖傳手藝，但缺陷就在於容易引發藥物中毒。大唐兩百多年間，六位皇帝服丹中毒。甚至睿智神武的唐太宗李世民都因為這個緣故，晚年長期處於神智錯亂中。到了宋初，道教內部出現了一些改革家，嘗試擺脫丹藥和充滿迷信色彩的符籙，建立一種類似於佛教禪宗的心性化學說體系。為了表明對祖傳煉丹手藝的敬意，同時擺脫實際服丹吃藥造成的不良社會聲譽，道教改革家們拈出了一個天才詞語，稱新的修行方式為「內丹術」。道教信仰中最有哲學品質的思想分支就此登場。

西元一〇七五年，被道教後人尊為「紫陽真人」的浙江人張伯端，充分吸收了禪宗的心性學說，撰寫出《悟真篇》。「內丹」思想的基調得以奠定。「內丹術」將人的身體本身看作火爐，以經絡為丹藥運行的通道，將精氣當作藥材，試圖透過行氣養神，在人體內煉製出一顆丹藥。這顆內在的丹藥，據說在成仙不朽方面，跟「外丹」一樣有效。[17]

畫面中，皇帝以道士裝扮出場，端坐在畫面中央，撥弄著琴弦。皇帝身後一株異常壯觀的松樹，貌似蒼龍，在琴聲中接受四方來風。正是一股「氣息」，將畫面中彼此分開的人與萬物重新聯繫在一起

4-5 趙佶《聽琴圖》（北宋）

故宮博物院藏

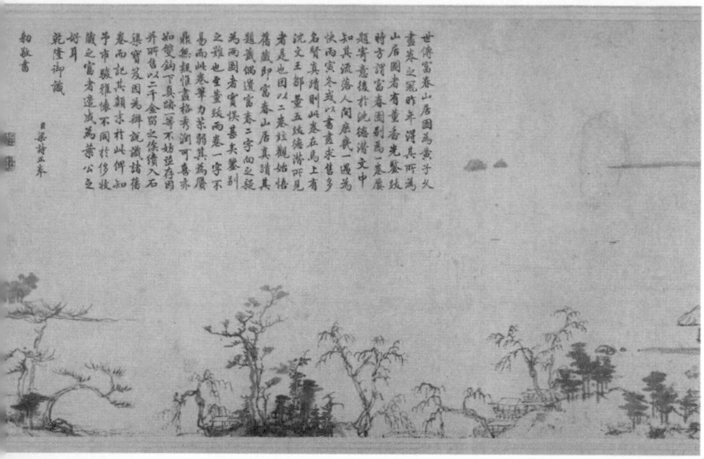

《富春山居圖》無比恰當地展示了，作爲全眞教徒的黃公望，如何在「眞心」中守護塵世故土的本然秩序

神霄派野心很大。他們在自己的宇宙觀架構中為皇帝預留了一個尊貴位置，因而深得渴慕成仙、並且也以在世仙人的眼光自我審視的趙佶歡心。作為一個側重招募信徒的實踐派分支，神霄派絲毫沒有捲入「外丹」和「內丹」之爭的學術興趣，反而一股腦將它們都吸收進自己的教義系統。這樣，無論是精神需求很高的帝王文臣，還是沉迷於神仙道術的愚民野夫，都能在神霄派找到可供慰藉的資源。

然而，這幅畫並沒有給皇帝帶來好運。僅僅十年之後，倒楣的宋徽宗就在「靖康之變」中遭金軍俘虜，被

4-6 **黃公望《富春山居圖》**（元）

臺北故宮博物院藏

押北上，北宋國祚就此終斷。金軍入侵、皇室南渡帶來的苦難，反而更加強化了心靈救贖的意義。內丹思想在充滿內憂外患的南宋時期不斷得到深化和普及，最終發展出影響深遠的道教派別：全真教。

到了元代，全真教已成為信仰領域數一數二的道教派別之一，許多偉大的藝術家都深受其影響。像黃公望這樣的畫家，甚至正式拜入教觀成為信徒。[18]他的《富春山居圖》（圖4-6）無比恰當地展示出，一位深陷齷齪之中的全真教徒，究竟如何在「真心」中守護塵世故土的本然秩序。

天理

出身寒門的韓愈，在走向帝國殿堂的一路上，十分辛苦。參加大唐帝國的科舉，按規定先要考入後備名單，獲取資格後才能投考正式名單，進而受到朝廷任用。韓愈考了三次才進入後備名單；隨後又考了三次，最終也沒考進正式名單。[19] 後來跌跌撞撞好不容易做了官，又見不得百姓窮苦、世道衰弱，屢屢上諫，次次遭貶。良心和遭遇的衝撞，醞釀出韓愈激憤的性格。在給好友柳宗元的一封信中，韓愈援引董仲舒的天人感應說，認為世道現實看起來是「殘民者昌，佑民者殃」，但殘害百姓、作惡多端的人日日夜夜都在違背天意，破壞天地間的元氣。所以，與這些禍害元氣的人作鬥爭，會得到上天庇佑和獎勵。

柳宗元收到信後，對韓愈提到的元氣很感興趣。他敏銳地覺察到，漢代思想家揚雄雖然早就講過元氣，但只是用這個概念指稱化育天地萬物的各種自然因素罷了，並沒有賦予其內在的倫理意義，也不認為元氣有自己的秩序目的。韓愈對元氣的理解，卻隱約有這方面的意思。

柳宗元對此有些吃驚。因為破除天人感應思想，在中唐已經有所共識。韓愈在自己許多作品中，實際上也流露出對其懷疑和不滿。柳宗元當然明白，韓愈如此這般說法，本意是借元氣的觀念來批判社會人事。但是，拿一個已經飽受質疑的哲學觀念去批判朽敗不堪的現實，學理上恐怕也站不住腳。嚴肅認真的柳宗元於是以揚雄、王充元氣論思想為本，寫了篇《天說》，作為答覆。文章一開篇，柳宗元就表示：韓公您老這麼說，恐怕只是出於一時激憤而已吧？

柳宗元認為，與韓愈來信強調的「天人感應」相比，荀子在先秦時就已提出的「明與天人之分」，才符合自然與社會互不相干的實情。因此，雖然敬修人事十分必要，天下太平也值得嚮往，但它們都不源自「天意」。柳宗元的這些想法，被概括為「天人不相預」。

柳宗元正經規矩的答覆，當然再次確認了天人感應思想在中古世界的破產。但他的「天人不相

預」思想在隔離自然與社會人事的同時，也遺留下一個問題：自然和社會如果不相干，那麼社會人事的領域是不是就沒有自己的良善標準，隨便怎樣都行？難道對朽敗社會人事的批判，連個觀念基礎都找不到嗎？

兩人共同的好友劉禹錫洞察到柳宗元的漏洞，於是也加入討論，為此撰寫了一組論文，合為《天論》。文章確認自然與社會互不隸屬、獨立分割的觀點，同時也補充說，自然有自然的偉大，社會也有社會的卓越。「天」繁衍萬物，降下風霜雨雪，創設山川湖泊，給一些生靈以力氣，給另一些生靈以智慧，這是「天之勝」。但「人」在社會人事的領域內，透過效法賢聖，依憑正道，締造盛世良政，使世間的生活禮儀昭彰、秩序井然，這卻是「人之勝」。劉禹錫最後總結說，這就是「天人交相勝」。社會人事的領域，也有自己的良善秩序標準。

一位與劉禹錫交往密切的禪師，注意到這場吸引了三位當世文豪的爭論。他覺得這場爭論的思想品質不高，缺乏世界觀依據，於是決定出手。禪師叫圭峰宗密，是惠能禪所傳荷澤宗一系的高僧，也是佛教中國化八大派系之一、唐代華嚴宗的最後一代傳人。宗密的關注點在元氣論本身。

表面上看，元氣論的優勢，在於能夠將世界解釋為一個實在體，從而與佛教所主張的「空」的觀念相抵牾。因此，在解釋宇宙和萬物的創生形化時，十分契合日常生活中形成的樸素經驗。畢竟，生活加之我們身上的感覺，不是世界的空無，而是某種實在感。揚雄、王充以元氣論來反對讖緯迷信，韓愈、柳宗元、劉禹錫以元氣論排佛，根源其實都在於此。但宗密卻問，如果世界是元氣所化，那麼，在這樣一個徹頭徹尾的物質性宇宙中，人的歸宿在哪裡？人的本質是什麼？人作為元氣化生的萬物一員，與草木蟲魚、飛禽走獸有什麼根本的區別？善惡秉性、福禍吉凶，又為什麼不公平地落在不同個體的頭上？

4-7 牧谿《遠浦歸帆圖》（南宋）

日本京都博物館藏

宗密的質疑抓住了中國本土宇宙論哲學的關鍵不足，也抓住了樸素唯物主義思想的關鍵不足。實在而樸素的元氣論模型，無法解釋人性和人心的獨特。於是宗密決定從佛教的立場吸收元氣論的優勢，同時又憑靠佛教在心性論方面的成就來超越元氣論。宗密以不可思議的哲學想像力，為此辯護說，佛教所說的「本覺真心」才是世界與人的真正本源。這顆心，就是「如來藏」，就是真如佛性。它本來是常住不變、清淨自在、空寂靈知的，但是卻在人心中，被意識的妄想顛倒所覆蓋遮蔽，生出百般心境現象來。這些心境，與意識合成在一起，就成了人本身；與意識分離開，就成了山河大地。所謂的元氣，不過同樣是意識所幻化出的一種心境。[20] 就真心得到顯明和覺悟來說，世界、人和元氣，都不過是一種幻境；但就人心受到遮蔽和顛倒來說，世界、人和元

心境與意識合成在一起，就成了人本身；與意識分離開，就成了山河大地。就眞心得到顯明和覺悟來說，世界、人和元氣，都不過是一種幻境

氣，也表現得好像是一種實在。因此，人在世界中體驗到的那種實在感，是假像中的真相、幻境中的實在。

數個世紀後，這一充滿禪意、思辨水準極高的思想，在宋末僧人牧谿筆下獲得藝術表現。《遠浦歸帆圖》（圖4-7）是牧谿流傳下來為數不多的作品之一。煙雨浩渺中，無形無相的氣息吹動著岸邊的森林和人家。順風而來的，是遠處煙雨中鼓起風帆的兩艘船。船上坐著的，也許是急於歸家的人，也許是躲避風雨的異鄉客。下一刻，風也許就要停了，山川大地即將改變色澤，狼狽的人也會喜笑顏開；又或者風雨更加大作，故事裡的人要在命運的波浪中受更大的顛簸。不管觀者的好奇心有多大，畫家卻試圖告訴我們，此刻和下一刻的一切都不重要，因為世間本就沒有來處，也沒有去處，不如就在此刻，守住清靜自在的真心。

宗密是一位有著匯通儒釋道雄心的大學問家，就思想和學問深度來說，可謂「達摩以後第一人」。[21] 如果說元氣觀念宣告了天人感應思想的瓦解，那麼宗密對元氣觀念的批判，也意味著在佛教思想的衝擊下，天人關係問題迫切需要找到新的解釋模式。兩個世紀後，北宋的哲學家將會充分肯定此世和當下的實在性，同時從儒家立場出發，吸收佛教思想中的心性學說，構建出一種對天人關係的新理解，並以此為基礎提出一種新儒學。[22] 但在那些精妙系統的語言文字登上歷史舞臺之前，藝術家首先用畫筆開始了充滿哲理的探索。

在大唐帝國最混亂的時日裡，一位叫作荊浩的山水畫家，隱居在太行山深處。他的作品真跡罕見於世。[23] 荊浩開創了唐末五代大尺幅「全景山水」的畫風。在流傳下來的畫論作品《筆法記》中，荊浩特意強調，全景山水中的每一個細節，都要遵守「真」這個最終極的藝術標準。但「真」不同於「似」，山水畫的要義不在於記錄和重現自然的每一個細節，而要在對細節的表現和安排中超越自然，從而將人性對自然的理解充分表達進畫作中。這些尺幅浩大的全景山水畫，懸掛起來猶如山河大地的「紀念碑」。正如評論家所說，它們是畫家眼中宏觀宇宙的一個觀念性景象。[24]

荊浩去世幾十年後，性情豁達的畫家范寬，在學習模仿荊浩和其他幾位最有成就的山水畫家作品時，突然冒出了一個想法。他覺得，就學習山水畫來說，與其學習前人，不如直接模仿自然本身；與其模仿自然本身，不如聽從內心的指引，直接表達心靈對自然的體察和感受。[25] 遵從自己的想法，畫家創作了一幅不朽作品：《谿山行旅圖》（圖4-8）。

畫面沿中軸布局。軸線猶如天極，將萬物牢牢錨定在各自位置上。畫面上三分之二部分，是一座聳入雲霄的巍峨高山，構成遠景。山中峽壁夾出一縷瀑布，如九天銀河傾瀉，墜入到畫面中段後，立即消失於無可知之所。

在這幅作品中，人跡如此微不足道，自然對人事如此漠不關心；人在自然面前，卻情不自禁地心生畏懼。修行的人，竭盡所能也達不到彼岸未知的高山峻嶺，這就是「天」與「人」之間的距離

4-8 **范寬《谿山行旅圖》**（北宋）

臺北故宮博物院藏

近景在畫面下三分之一部分描繪，表現人間。下端畫面地勢較為平坦，彷彿早已被往來的人踏出了路。路的盡頭走出兩位趕路的商人，一前一後驅趕馱著此行貨物的四頭驢。上端則遍布山石溪流、叢林灌木。左側山路的盡頭，走出一位背負行囊的僧人，即將跨入泉水與山石上簡陋的橋，進入崎嶇茂密的叢林。如果他能克服各種艱辛困苦，右邊茂林深處隱藏著的禪院，或許就是此行的終點。

畫面近景和遠景設計得十分精巧。近景的諸多場景間，雖也有喧鬧與靜謐的區別，但卻彼此聯通。人跡就在此間活動。但近景與遠景之間，畫家卻做了留白，宛如一片神祕的虛空。這片虛空似乎也是一種宣告，標誌著巍峨高山與喧鬧人間不可跨越的界限。

儘管我們做了努力，但正如英國藝術史家蘇立文所說，任何小的複製品或文學語言，都難以表達和評價這幅令人望而生畏的作品。[26]只有當觀者幸運地站在這幅高二點零六米、寬一點零三米的作品面前時，才能真正明白自己究竟看到了什麼。在這幅畫中，人跡如此微不足道，自然對人事如此漠不關心，但依然難以阻擋人在自然面前情不自禁地心生畏懼。雖然俗世商旅也許永遠不會思考宇宙意義這樣的問題，但對於修行的人來說，他竭盡全力最終所能抵達的，卻也只是遠離喧囂的一座人間禪院，而非彼岸未知的高山峻嶺。這就是畫家眼中「天」與「人」真正的距離。

這個沒有感情的自然召喚著人的情感回應，這個沒有意義的宇宙呼籲人賦予它以意義。也許出世的宗教醉心於探索巍峨高山中發生的一切，但對於儒家文明來說，那裡是否住著超越性的神，又或者是否允諾了更好的幸福生活，其實一點兒都不重要。「未知生，焉知死？」「天行健，君子以自強不息；地勢坤，君子以厚德載物。」塵世的空間已足夠值得人在此生中去不懈努力。「人」在「天」面前更為理性的態度，是獲得超越渺小自身的眼光，去打量萬物本然的規律。這，就是即將到來的時代中「人」對天人關係看法的新基調。

最終，一位叫作周敦頤的湖南道縣人，決心以語言文字為工具，將藝術家難以精確表達的思想，一一表達出來。周敦頤從《周易》的太極陰陽宇宙論創世模型中找到靈感。在《太極圖書》中，他說，正是太極的動靜變化，依次催生出陰陽、五行、萬物。漢唐以來，《周易》所說的太極，一直被當作元氣未分的狀態。周敦頤的模型，顯然是元氣觀念的進一步延伸和發展。在他看來，萬事萬物從根本上來說，都是元氣所化。[27]

在闡述完這個以元氣為基調的宇宙創生圖式後，周敦頤話鋒一轉，提出了他對「人是什麼」的看法。他說，人是元氣所化的萬物中最為靈秀的一類，有精神、會感動、知善惡。人之中，又以聖人最為靈秀，只有他們看得出來宇宙萬物化生的大道理。聖人從這些道理中，覺察出人所應當遵循的根本生活方式，從而為人定下生存和生活的道理。這就是所謂的「立人極」。[28]

「人極」或者說人事方面的道理，絕不是人隨意按照自己的願望為自己立法。相反，「人極」的根據始終在「太極」。但「太極」也不會主動干預人事的運作。[29] 對於人事，它確實漠然無謂。因此，「立人極」的主動性，全在人這邊；要不要使人的生活方式合乎天道，全看人的選擇。塵世的戲劇按照塵世中人自己的劇本上演，「天」對此無話可說。但塵世的戲劇若要演得莊重典雅、富有秩序，劇中的人若要得體從容、看著更像萬物中最為靈秀的生靈，那麼「天」也毫不吝嗇地向人展示著可資模仿的道理。「天」所垂範的這個道理，就是天道。

把世界經驗為一種實在，而不是虛空幻覺，這是中國本土思想與外來佛教最根本的區別。無論儒家還是道家，又或者由道家宗教化而產生的道教，都以世界的實際存在為構思人事作為的前提。北宋以來，理解這個實在世界的內在運作機理，掌握貫穿於萬物之中的自然奧祕，試圖從這些道理中看到人事活動的最佳方案，這是儒道之間的共識。區別僅僅在於，從各自所觀望出的也許差異本身不大的道理中，儒家堅信人事活動的最佳模型在於構築一個蔚為大觀的禮教文明，而道家和道教則相信擺脫人群雜居的塵世才是最正確的選擇。

正因為堅信自然中孕育著可資模仿的道理，所以中國的界畫和工筆花鳥畫藝術在北宋時也得到突飛猛進的發展。界畫，就是在界尺的幫助下，畫作工整準確、近乎等比例縮小而毫釐不差的樓臺景觀。張擇端的《清明上河圖》，就是界畫的巔峰之作。宋徽宗趙佶繪製並題詩的《芙蓉錦雞圖》（圖4-9）則以細緻入微的工筆，真實再現了一隻芙蓉團簇中凝視世間百態的錦雞。宋徽宗覺得，他就如自己所畫出的這隻錦雞，已經具備了聖王所應該具備的一切美德，就算金兵如禿鷲般彪悍，由於缺乏天道的支撐，也絕不會在擾亂宋帝國秩序方面得逞。[30]

周敦頤從「太極動靜」到「立人極」的推理，還只是給出了儒學復興的一個方向。佛道思想並沒有因此遭到動搖。在周敦頤簡練得有些粗糙的學說中，許多重要的問題被遺留了下來。其中最重要的一個問題是，彌漫於宇宙中的「虛空」，到底是什麼？

佛教認為，虛空是世界的真相，萬物因此都是虛假的幻覺。道家和道教則認為，實在生於虛無，「無」才是世界的起源。為了確保學理獨立性，在這場爭辯中，儒家面臨的唯一出路，是要跳出「有」和「無」的對立，重新理解虛空與實在的關係。否則，始終糾纏在「有－無」的邏輯中，要麼就會墜入佛家的主張，要麼就會掉進道家的陷阱。

但不從「有－無」上論虛空，又該怎麼討論這個問題呢？

西元一〇三八年，宋仁宗景祐五年，西北割據政權首領李元昊稱帝，宣布建立西夏國，此後頻頻入侵北宋。主持西北軍務的，是一代名臣范仲淹。一位身處西北、二十歲出頭的青年，憂心邊患，於是寫信給范仲淹，陳述用兵謀略。范仲淹接見了這位不凡的青年，談吐中覺察到此人可成大

宋徽宗覺得自己就如這隻錦雞，已經具備了聖王所應該具備的一切美德，就算金兵如禿鷲般彪悍，也絕不會擾亂宋帝國秩序

4-9 **趙佶《芙蓉錦雞圖》**（北宋）

故宮博物院藏

器，就勉勵他回去好好讀書，不要著迷兵事。這位名為張載的少年，聽從了范仲淹的教導。經過十幾年的苦讀，走了許多彎路後，他終於站在儒家立場上，對虛空的本質講出了一番新道理。

在《正蒙》一書中，張載說，氣是世界的本質所在，構成了世界實在性的基礎；而虛空和氣化，不過是實在世界的兩種樣態。所以虛空與實在，不是世界存在的兩個階段，而是世界顯現的兩種方式。氣聚在一起，就顯現出世界氣化存在的樣子；氣彌散開來，這種氣化樣態就隱匿不見。宇宙萬物的化生就是一個氣從聚到散，又從散到聚的過程。在這個過程中，人是唯一能夠感受到氣化聚散的生靈，所以人就能將這個過程理解為「天」所遵從的「道」，從而模仿「天道」來謀劃屬於人的生存方式。

在張載構造的宇宙生成圖式中，氣化世界的變動，始終處於一個過程之中。因此，對於張載而言，佛家說本質限溺於幻覺之中，道家說萬物生於一個起點，都不對。太虛和元氣的關係，就像冰和水的關係，永遠都在互相轉化，永遠不能說誰是因、誰是果，誰是始、誰又是終。[31]

張載抓住了《周易》古老智慧的精髓，但他這番充滿動感的宇宙生成論觀點，還是遭到了自己兩位表侄的反對。他們就是史稱「二程」的程顥、程頤兄弟。這兩位中國思想史上赫赫有名的大人物覺得，儘管表叔「太虛即氣」的觀點很聰明，但稍不留神還是會掉進佛家的思想邏輯中去。

張載對氣在宇宙中流動的設想，依託的是一個類似於「溜溜球」的理論結構。氣聚在一起，萬物的形體就滋生出來；分散開來，萬物的形體就湮沒消失。氣從太虛出發，經由萬物，伴隨生化，最終又回到太虛之中。星辰大海如此，瓜果蔬菜如此，飛禽走獸如此，貴為萬物靈秀的人也如此。

張載的本意，是想透過這個循環往復「溜溜球」式的氣化運動，來說明執著於生死、渴慕形體不朽的道教不可信，同時也破除佛教以寂滅為歸宿的涅槃觀念。但二程覺得，這種迴圈觀念，把氣的運動說得像手臂屈伸，把宇宙說得像是元氣恒定。實情一定不是這樣，不然請問，鼻子裡吸進的一口氣，難道是前面呼出去的那一口嗎？[32]更要命的是，如果張載是對的，那在這樣的宇宙中，依靠總量恒定的元氣，如何創造出新的可能、新的事業、新的命運？[33]

替代張載的解釋還在到來的路上，二程的探索還在繼續。藝術則又一次走在了哲學的前面。馳名當世的藝術大師郭熙，也創作了一幅富含深意的作品。西元一〇七二年初，郭熙畫了一幅《早春圖》（圖4-10）。

這幅畫由兩塊絹拼貼在一起，是一幅立軸作品。尺幅比起范寬的《谿山行旅圖》要小近四分之一。同樣是表現山水，畫面的布局卻遠不像後者那樣莊嚴、穩重，而大膽運用明暗對比，吸引著觀者目光盡情游移。

目光一旦進入畫面，觀者立即會發現，畫家早已為品鑑預留下多條悠遊觀賞的可能路線。這既是中國山水畫特有的「散點透視」藝術效果，也正好應和了郭熙本人在傑作《林泉高致》中為最精彩的山水畫所設定的藝術標準：可行、可望、可游、可居。[34]

范寬為了表現北方山川的剛硬壯美，發明了一種專門用來刻畫石質紋理的「皴法」：「雨點皴」。但郭熙的畫中，山石顯得更加圓潤。這是畫家所發明的「卷雲皴」取得的效果。石間樹木即將發出新芽，新生的枝葉正在潮濕綿軟的空氣中，努力掙扎，挺拔發散。遠景的高山與近景的樹石之間，隔離著巨大、狹長而連貫的雲氣。山石雲氣的組合，將許多個S形構圖帶入畫面，賦予整個作品無法忽視的動感。畫家以畫筆所表現的春天，蘊含著盎然的生機。如果非要將這幅作品中的精神表達成文字，那麼《周易・繫辭》中的兩個字無疑是最好的概括：生生。[35]

儘管沒有證據表明郭熙創作《早春圖》是受到二程思想的影響，但郭熙和二程顯然都對《周

郭熙對《周易》有著深刻的理解，《早春圖》表達了其中的精神，那就是「生生」，它是新事物的滋生和繁衍

4-10 郭熙《早春圖》（北宋）

臺北故宮博物院藏

易》有深刻的理解。[36]

《周易》中所提到的「生生」，是一種沒有目的的創造。它不是舊事物的覆刻或重來，而是新事物的滋生和繁衍。每一片樹葉都不會辜負春天，但留在上一個冬天的那片卻也永遠不會再來。在元氣大化造成的宇宙中，沒有任何主觀的力量能夠阻擋這個偉大的進程。[37]

正是這個生生的道理，使二程覺得張載在堅持儒家立場上還不徹底。「生生」是萬物生成變化的根本線索，也一定發生在一個合理又和諧的宇宙秩序之中。這個整全、莊嚴、沒有目的，卻自強不息的宇宙秩序，二程稱之為「天理」。「天理」就貫穿在生生之中，推動著氣化的宇宙永不停息地生成、運動。

許多年後，謙虛從容的程顥，在面對弟子時，悠遊自我評價說：我們二程的學問雖然受教於前輩，但「天理」這兩個字，是我們自己體會出來的。[38] 這場起始於晚唐的新儒學探索，從此正式獲得定型。這就是「理學」。

聖賢

一群在洛陽求學已有時日的年輕人，就要回故鄉福建了。此前，他們都是為了向二程學習理學，特意從福建遠道而來的。老師程顥和程頤這次決定親赴驛口送別。看著學生們漸行漸遠的背影，哥哥程顥眼中既十分不捨，也充滿期待。他的目光一直停留在二十八歲的英俊青年楊時身上，口中喃喃：「吾道南矣！」後來沒幾年光景，程顥就離開了這個生生不已的世界。但他的期待並沒有落空。正是沿著楊時傳下的衣缽，一百多年後，二程的理學將迎來它最傑出的繼承者，福建人朱熹。

向老師學習，繼承學問的衣缽，如果放在中晚唐時期，絕非一件尋常事。起源於隋的科舉制，發展到中晚唐，已經近乎擺設。下層讀書人因為走不通科舉路而失去學習的興趣，上層門閥大族因為無須走這條路而瞧不起讀書教書的人。社會上普遍流傳著一股恥於拜師、恥於學習的風氣。韓愈曾為此專門寫過一篇《師說》，想振臂一呼，鼓勵人們崇尚學習。但回應者寥寥。一直到北宋初年，在三位儒學大師胡瑗、孫復、石介的共同努力下，藉由大力興辦私學，才初步確立起師道的尊嚴。[39]

韓愈和「宋初三先生」心目中的「學」，與漢唐經師所理解的「學」，差距很大。漢唐之際，儒家學問的通行方式，是訓詁和辭章。在經師們的眼中，先秦流傳下來的經書，是聖人垂範後世的聖典，普通人不可隨意解讀。因此，治學的首要任務，就是順延前人的積累，透過死記硬背，精確掌握經典中字詞的意義。知識在經師之間的代際傳承，如千鈞雷霆之陣。後學的人不可輕易逾越半步。

韓愈和宋代學者對這種學習方式深惡痛絕。他們覺得，經師的學習方式抓不住最根本、最重要的東西，即隱藏在經典中的「道」。他們認為，學者的「學」務必以「求道」為第一要務，而老師也應該把「傳道」擺在「授業解惑」的前面。韓愈他們這裡所說的「道」，就是儒家內聖外王之道。

以求道為目的的學習，意味著文字和詞句最大的價值，是作為道的承載工具，是學者獲得溝通儒家先聖的訊息橋梁。不能承載道的文字，無論多麼華麗優美，都近乎無聊的遊戲。所以，南唐後主李煜那樣軟綿綿的詞，或者秦觀那些沉溺於各種小確幸的文句，完全顛倒了文字的本來價值。

隨著「學」的觀念的變化，對儒家聖人的理解也在悄然發生變化。在漢唐經學和魏晉玄學時代，聖人一度被想像成宛如從天而降的異稟神人。但北宋以後的讀書人卻前所未有地相信，一個普通人完全可以透過學習，最終成為聖人。聖人變成了生活世界中的賢者，變成了「聖賢」。通向道、成為聖賢的路，現在就鋪在每個讀書人的腳下。儘管路途艱辛，但也並非完全不可企及。

聖賢既然是「學」成的，那麼儒家之道的薪火相傳，也就被看作一個前赴後繼的學習過程。求道者之間的代際傳承，形成了一個完整的聖賢譜系。韓愈將這個譜系稱為「道統」。

南宋第五任皇帝趙昀，對理學情有獨鍾，投入了巨大熱情，以至於去世後被大臣們史無前例地授予「理」字作為廟號。西元一二三〇年，宋理宗親臨太學，寫作了一篇《道統十三贊》，歌頌自伏羲起將儒家思想代代傳承下去的十三位古代聖賢。皇帝制贊後不久，畫家馬麟就根據聖意，創作了十三幅比真人尺寸還要大的人物畫像，以藝術形式傳遞皇帝對儒家往聖的敬意。

在今天僅存的五幅中，幸運地包括了《十三贊》起首的《伏羲坐像》（圖4-11）。在中華上古傳說中，伏羲是給蠻荒大地帶來文明曙光的創世神人。他的形象通常是人首蛇身。但這幅畫卻將伏羲描繪得「廣額、修眉、鳳眼、隆準」，這是時人理想中的帝王之相。[40]

如果將這幅《伏羲坐像》與流傳下來的宋理宗御像（圖4-12）對比，就會發現二者的面容與氣度驚人相似。至尊的皇帝必須是道統始祖的化身，而絕不僅僅只是傳承史上普通的另一人。畫家馬麟的這番心思，跨越千年時空都能清晰感受到。

宋理宗和他的畫師馬麟筆下的道統，從伏羲算起，歷經堯、舜、禹、湯、文王、武王、周公，孔、顏、曾子，最後落到子思和孟子兩位，於戰國末期結束。這與韓愈以後儒家一般從堯舜算起的排序方式略有不同，大約化自朱熹在《〈大學章句〉序》中對道統起源的一個表述。[41]

在這個譜系中，與起源相比，落腳其實更重要。孟子生活於西元前四世紀，比孔子晚出生了將近一百八十年。在這段時間，孔子的思想已經傳到了孫子子思的手中。孟子正是從子思門人那裡，接過了儒家的學問和使命。

子思最重要的著作，就是范仲淹當初在西北軍營中送給青年張載的那部《中庸》。《中庸》是儒家經典中特別側重人格修煉、境界養成的一部書。子思的趣味，從根本上塑造了孟子思想，也賦予《孟子》這部著作強烈的心性學說色彩。但意外的是，從秦漢帝國一直到隋唐帝國，《中庸》和《孟子》都沒有受到儒者的特別重視，在儒家經典中的地位甚至每況愈下。直至唐代中期，孟子所

4-11 馬麟《伏義坐像》
（南宋）

臺北故宮博物院藏

《伏羲坐像》與宋理宗御像驚人相似。至尊的皇帝必須是「道統」始祖的化身，而絕不僅僅只是傳承史上普通的另一人

4-12 **宋理宗御像**
（南宋）

臺北故宮博物院藏

獲評價也不高，不僅沒有進入聖人之列，而且也沒有機會在孔廟陪祀。這個時期的孟子，正如著名的唐代經學家孔穎達所評價的，只是被視為一位離真正的聖人距離不算太遠的古代賢人。[42] 賢人，歸根到底還是普通人。[43]

這其中的一個重要原因是，漢唐之間精英階層始終將心性修養、人格締造方面的問題當作私人事務。對於漢唐經學來說，上古儒家的典章和禮制才是學術關切的中心，也是公共空間中文化精英應當談論的事情。內心世界歸根到底屬於私人生活領域，與帝國興衰、禮樂與邦關係不太直接。所以，從秦漢一直到唐代中期，《孟子》對於儒學之士的價值，最多不過就是從中發現有關禮制、稅收、土地制度的歷史紀錄，在治國之道方面，為《春秋》這樣更為重要的儒家經典做一些補充。[44]

中晚唐以後，儒家文化精英開始認識到，將內心世界等同於私人生活領域，將人格修養與境界提升看作儒家無須涉足的領域，結果必然是佛老思想的長驅直入。所以漢唐經學所體現的儒家文明，在無上崇拜儒家聖典的同時，恰恰忘記了儒學最核心的精神。

儒家文明與生活方式自孟子後意外中斷，「聖人之學不傳久已」。這實在是一件令韓愈和北宋學者深感痛心的事。歷經五代十國的大混亂後，北宋初年的儒者們驚訝地發現，如果以儒家文明的純度為尺規打量，那麼，遠去的秦漢隋唐帝國其實有著深刻的內在缺陷。儘管在領土和軍事實力上，宋都無法與之前的幾個帝國媲美，但這個中國歷史上領土面積最小、軍事實力最弱的王朝，此刻決心要真正成為純正儒家文化的捍衛者。它夢想超越盛唐，將中國文明推向全新的高度。

當夢想照進現實，擺在儒家精英面前的問題卻十分棘手。以失傳的儒家方式來滿足中國人的精神生活需要，成為他們心靈世界的依靠和憑信，並不是一件容易的事。

困難首先來自佛道思想。在過去的七個多世紀中，佛道思想在人生至高境界和心靈終極安頓問題上給出的解題思路，早已深入人心。

化解這個困難的關鍵，就是要從儒家經典中找到屬於儒者的獨特心靈狀態。因此，「孔顏樂處」和「曾點氣象」這兩種明確記錄於《論語》之中的儒者心靈樣態，在北宋以後，得到了前所未有的重視。

西元一〇七二年，被朱熹列為北宋理學第一人的周敦頤，在廬山蓮花洞創辦了一所書院。他還寫下〈愛蓮說〉，透過描述蓮花的自然特徵，歌頌自己所嚮往的聖賢人格。這篇散文如今早已是中國人耳熟能詳的名篇，其中「出淤泥而不染，濯清漣而不妖」的名句，任何一個受過高中教育的人，大概沒有不會背誦的。南宋時，宮廷畫師曾將〈愛蓮說〉的文字意象表達為花鳥畫作品《芙

蓉出水圖》（圖4-13）。畫中的蓮花靜謐安詳，正如周敦頤所言，「中通外直，不蔓不枝，香遠益清，亭亭淨植，可遠觀而不可褻玩」。

熱愛蓮花的老師周敦頤，經常讓學生程顥、程頤兄弟去思考一個問題：「孔顏之樂，所樂何事？」

「孔顏之樂」源於《論語》的兩則記錄。據《論語·述而》篇記載，孔子曾經感歎說，吃粗飯、喝白水，用胳膊當枕頭，就算在這種平淡到貧困的日子裡，他也能感受到喜樂；而沒有仁義的富貴，對他來說反而就像天上飄浮的白雲一樣，絲毫不值得留戀。[45]

又據《論語·雍也》記錄，孔子曾在某個場合評價過自己的弟子顏回，說顏回是真正的賢人：一小盒飯，一小瓢水，居住在破舊衰敗的陋巷之間，換作一般人早就受不了了，可他卻仍然感受得到心靈的喜樂。[46]

很多人會覺得，崇尚蓮花圖樣是佛教文化帶來的藝術後果之一。其實並非如此，早在佛教傳入中國之前，蓮花在中國文化中就已經是「天」的象徵。周敦頤對蓮花的熱愛，恰是對天道本身的讚美

4-13 **《芙蓉出水圖》**
（南宋）

故宮博物院藏

從這兩則記錄來看，孔子肯定的是儒者居於困頓之中的喜樂，如此來說，「孔顏之樂」當然就是不得志的儒者所能得到的理性心靈生活。儒家聖賢的高貴品格，正是在這心懷淑世之志與實際上的困窮苦厄之間凸顯。然而，孔子和顏回的喜樂，到底樂於什麼？也許記錄聖人這兩條言論的弟子，默認了讀者的心有靈犀，所以幹練簡潔的《論語》對此並沒有明說。

但這個貌似不言自明的事情，在佛老思想已成主流的北宋思想世界，恰恰變得含糊不清但至關重要。畢竟，在這個時代，困於清貧中仍得其「樂」的，並非只有儒者——困頓中的老莊隱士樂在獨享清靜無為，慶倖自己擺脫了塵世的牽絆；而滯留於繁華世界的佛教禪師，更是樂在體悟自我和法相世界的雙重空無。如果「孔顏之樂」無法與佛老之樂區分，那麼儒家心靈生活的祕鑰就無蹤可覓了。周敦頤讓程顥、程頤兄弟去體會「孔顏之樂」，正是希望他們找到儒家心靈生活的正確方式。

其實心皈儒學的周敦頤自己對此早已有所體會，甚至可以說，這種體會就流露在他對蓮花的熱愛中。今天的人們或許誤以為，崇尚蓮花圖樣，是佛教文化鐫刻在中國藝術史上的又一縷痕跡。其實並非如此。林巳奈夫的研究表明，早在佛教傳入中國之前，蓮花在中國文化中就已經成為「天」的象徵。周敦頤對蓮花的熱愛，恰是對天道本身的讚美。

從天道的視角看，貧乏困頓只是人生在世的一種處境。一個儒者既然心懷天下，試圖從天道的視角來體察世間，他就必然能夠看到超越了一切處境的一件「大」事情。[47]這件天地間的「大」事情，就是體認到天道生生不息的流行，體認到人倫世界本身的實在不妄，體認到存在於萬事萬物之間的內在和諧秩序。對於一位像周敦頤這樣的儒者來說，一個普通人的一生中，最值得期待、最重要的，就是按照內在於天道之中的和諧來塑造自身的品格，從而成為聖賢。只有這樣，一旦命運將國事加以託付，他才能真正做到古代最後一個聖人孟子所說的「達則兼濟天下」。

所以，「孔顏之樂」是心靈體認天道而生出的欣喜。就像《孟子》中指出的，這種充盈於一個人內在世界的喜樂，註定要透過身體展現出來，成為日常生活中流露的精神面貌。[48] 北宋儒者將這種精神面貌稱為「聖賢氣象」。在周敦頤的學生眼裡，由於身處「孔顏之樂」的境界，「人品甚高，胸懷灑落，如光風霽月」，周身散發著極高的外在精神面貌之美的老師，恰恰是這種「聖賢氣象」的最好體現。

「曾點氣象」則是另一種聖賢氣象。它源自《論語》中的另一則記錄。

《論語．先進》中，記錄了孔子與四位弟子的談話。當時，孔子問了大家一個問題：假如世間沒有君王理解你們、任用你們，那麼，作為一位儒者，你們打算怎麼辦？三位學生首先發言。他們所說的不過都是些將會如何委曲求全、如何爭取多少做點事兒的話。聽大家說完後，正在彈琴的曾點鬆開琴弦，慨然說道：我跟他們想法不一樣。如果君王不用我，那麼我就在三月初春的時節，穿上剛剛製備的春裝，約上五六個君子朋友，帶上六七個役僕童子，去河邊快樂地沐浴，在坡上盡情吹著春風，然後再一路唱著歌回家。孔子聽完後，歎了口氣說：「吾與點也！」意思就是：「我也會跟你一樣。」[49]

性格灑脫的程顥對這段文字興趣格外濃厚。他曾欣喜地將「曾點氣象」稱為「堯舜氣象」。堯舜是儒家當然的先聖，所以程顥的意思很清楚，「曾點氣象」就是聖賢氣象。一百多年後，繼承了二程衣缽的朱熹，一度也十分認同這個看法。但到了晚年，他卻萌生了一絲警惕，反覆提醒學生，千萬不要將「曾點氣象」所象徵的儒者心靈狀態，與老莊隱者的心靈狀態相混淆。[50]

朱熹晚年的擔心並非沒有根據。其實早在二程時代，理學思想的有力競爭者「蜀學」，也在追

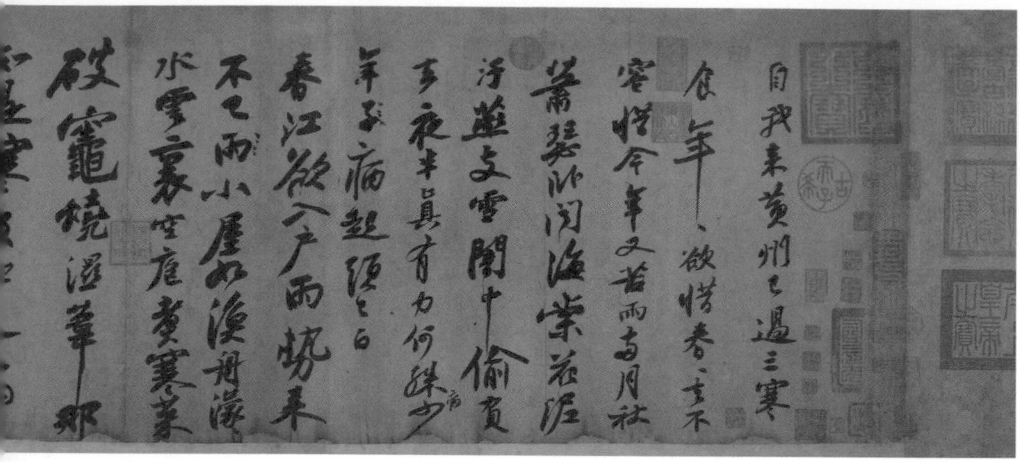

4-14　蘇軾《寒食帖》
（北宋）

臺北故宮博物院藏

求一種貌似十分接近「曾點氣象」，但卻駁雜儒釋道思想的瀟灑精神體驗。蜀學是一群來自四川的朝中文士所組成的文化圈子。它的代表人物，就是名揚千古的文人蘇軾。

西元一〇八二年，因烏台詩案被貶湖北黃岡的蘇軾，在寒食節那一天作了兩首詩。孤獨蒼涼中的詩人此刻心灰意冷，哀歎自己如風雨摧花、孤舟零落的處境，但也流露出許多不甘。這首隨感而發的詩，被詩人寫在素箋上，流傳至今。這就是著名的《寒食帖》（圖4-14）。帖上筆意起伏跌宕，情緒恣意流淌。憤懣、壓抑、不滿、絕望，躍然紙上。

喜怒哀樂本是人之常情。儒家既不試圖使這些情緒歸於寂滅，也不打算鼓勵人們任情縱性。它完全承認情緒存在的意義，但也認為內在世界應當以平和中正為理想狀態。然而，這幅絕妙的行書帖，代表性地展露了蜀學和傳統文人習氣的特點，那就是任情縱性，不加克制。詩文豪飲、山泉雅集所培育出的這種文人氣息，表面上彷彿「曾點氣象」般灑脫放任，但並不是儒者所謂的聖賢氣象。

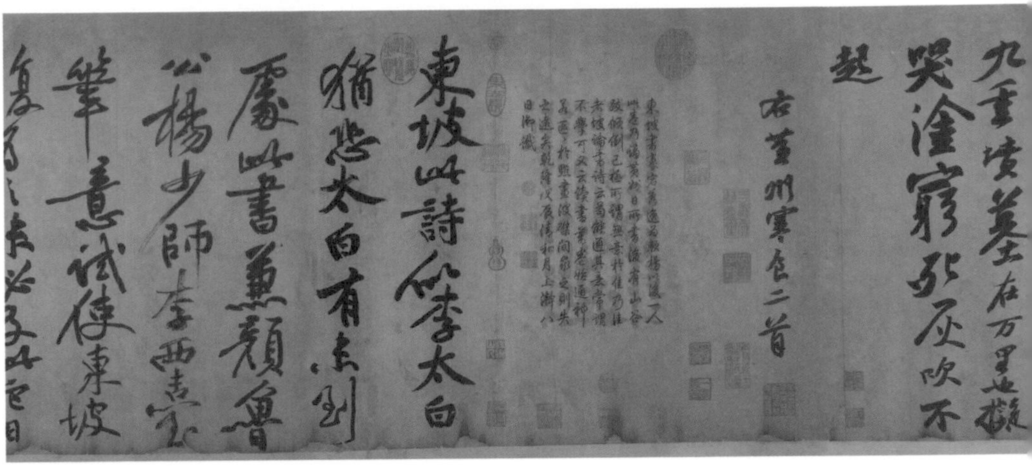

《寒食帖》筆意起伏跌宕，情緒恣意流淌。憤懣、壓抑、不滿、絕望，躍然紙上，展露了蜀學和傳統文人習氣的特點，那就是任情縱性，不加克制

早在《中庸》中，子思就用了「中和」二字，來描刻儒者心靈世界中情緒所應處的那種理想狀態。《中庸》認為，喜怒哀樂這些情緒，如果沒有發作出來（「未發」），那麼它們在內心世界裡應當處於「中」的狀態。一旦發作出來（「已發」），那麼就既不能不足，也不能過度，必須與激發情緒的事態匹配得「剛剛好」。達到這種狀態，就可以叫作「和」。[51] 所以，大怒應對小失、小喜應對大得，都是不「和」的表現。只有那些經過修養，到達「中和」之境的人，才是中庸的君子，才是聖賢。

所以，蘇軾在《寒食帖》中展露的情緒格調，就像到了潮州的韓愈，面對現實世界滿目荒涼突然生發出的緊張與絕望一樣。[52] 一切曾經的文人式自信與從容，在這種莫名的恐懼和不安中，被襯托得簡直像個笑話。從儒家的立場上看，這未免也太不適當了。

所以，必須堅持以儒家的方式去理解「孔顏樂處」和「曾點氣象」，才能洞悉獨具儒家特色的理想心靈狀態。對於一個普通人來說，獲得這樣的心靈狀態，就能擁有聖賢氣象的外在舉止。這實際上也標誌著一個人自身人格達到了聖賢的高度。為此，他必須從轉化自身的「氣質」開始。

從二程的表叔張載開始，將人性在觀念上分析為二重結構的思路在儒學論說中開始出現。張載將人性分成「天地之性」和「氣質之性」兩重結構，認為人的善惡聰愚是由「氣」的清濁粗精不同所造成，因此，建議每一個嚮往聖賢境界的個體，根據自己的氣質稟賦實際狀況，經由不斷改變固有氣質來提升人格。[53]

將人性分析為兩重結構，當然不是儒家的專利。佛教才是這方面的理論先驅。但在儒學的思想框架內，這種分析還是第一次出現。它結構上似佛，內容上卻已儒化，因此，一經提出，就被所有眼光敏銳的理學家先後捕捉到。此後，不管理學家們分歧有多大，在將人性區分為純粹應和天道和浸染俗世氣質問題上，他們沒有太大分歧。

在這些理學家的眼中，人性之所以浸染俗世「氣質」，根本原因就在於人心中有許多偏私的意念。一個人如果總想著自己的那點點小滿足、小享受、小得意、小成就，他當然就會忽視更大的東西，不會想到他人也和自己一樣有所需有所求，更不會想到生靈萬物都和自己一樣有所需有所求。只有時時刻刻都能站到天道的立場上去想問題、辦事情，才能真正看清一己所欲、所求、所得、所失，在宇宙萬物中的地位和價值。從這個意義上說，天道的立場其實就是「公心」的立場。只有去除人性中「私心」的遮蔽，「公心」才能在一個人內心中佔據應有的位置，使其成為儒家意義上的聖賢。

轉變「氣質」的過程，就是透過學習來成為聖賢的過程。在「往聖」的背影已經遙不可及的宋代，學習的最終依據，只能存在於儒家經典及其最好的當代詮釋者那裡。這也是像楊時這樣心懷大志的年輕人，不顧山川水路的遙遠崎嶇，從福建來到洛陽求學的原因。

就像程顥所發現的那樣，楊時是一位天賦極高的學者。在二程那裡學習時，他很快就注意到《中庸》心性學說的重要性，意識到這是儒家超越佛老思想的要害所在。所以，他特別重視《中庸》中提到的「已發」、「未發」學說。

楊時將默守「未發」時的「中」，看作情緒「已發」後心靈仍然能夠處於「和」的狀態的前提。因此，他提出的學習方法，就是像《孟子》所教導的那樣，「反身求諸己」，向自己的人格內部用功。像個情緒員警一樣，時時密切注視自己內在世界「未發」時的思慮狀態，使其始終處於「中」的狀態。因此，「靜默涵養」就成了關鍵修養方法。

楊時七十多歲時，北宋也迎來了自己的末日。垂死掙扎之際，奸相蔡京為了堵天下悠悠之口，啟用老邁不堪的楊時。楊時抓住這一歷史機遇，以政治推動學術，奮力一搏，大大鼓舞了當時四散各方的理學之人，為二程理學在南宋的大發展奠定了有利的基礎。[54]

西元一一五三年，宋室南渡後的第二十八年，楊時去世後的第十九年，二十四歲的朱熹求學於楊時再傳弟子李侗門下。老師非常期待天資過人的朱熹繼承已經傳了三代人的「靜默涵養」方法，但朱熹對此始終生不出多大興趣。[55]對於更早時曾恣意出入佛道思想的朱熹來說，楊時傳下來的修養方法，實在太像佛道修行方式了，稍有不慎就會偏離成為儒家聖賢的道路。朱熹認為，為了區別佛道思想，也為了區別文人習氣，儒者必須在「踐履」上下功夫。[56]為此，不妨按照《大學》，從「格物」開始。

《大學》本是《禮記》中一個短小篇章，但受到朱熹持續一生的重視，被他視為儒者修學的第一階梯。格物、致知、誠意、正心、修身、齊家、治國、平天下，是《大學》提出的八種人格修養方法，也叫「八目」。格物居於「八目」起首。

楊時當然也講「格物」，但由於他將學習的著眼點放在了「已發」、「未發」問題上，所以他所說的「格物」，也主要是指對言行舉止、情緒思慮的調整控制。這是一種比較「內向」的格物觀念。[57] 與楊時不同，朱熹將「格」字解釋為「研究」，將「物」理解為包括經書、禮儀、典章、文物在內的萬事萬物，從而賦予了「格物」一層博學的色彩。

「博學」的精神，為宋代文化精英階層所共用。宋代，大概是中國文化精英整體上最熱愛學習的朝代。以「復興三代」為己任的宋代士大夫，從開國起，就異乎尋常地提倡「困窮苦學」。范仲淹、王安石、周敦頤、二程、楊時、朱熹，無一不是靠苦學獲得當時成就和後世聲名。這種對學習的熱愛，也催生出了一種特殊的文化聚會活動：博古。在這種活動中，一群有著極高文化修養的士大夫，在某個閒暇時刻聚在一起，品評上古流傳的器物古董，映照儒家經典中的記載，試圖從中發現「三代之治」的祕密。

明代畫家仇英天賦異稟。他出身貧寒，原本只是個漆工，後來在蘇州被文徵明發現，大獲讚賞，又得到大畫家周臣的親傳，最終成為「吳門畫派」的代表之一。他繪製的《人物故事圖冊》，以繪畫的形式講述了歷史上王侯將相、文人墨客的十個經典故事。其中《竹院品古圖》（圖4-15），描繪的就是宋代士大夫在私家庭院中「博古」的場景。

像「博古」這樣的格物，為什麼能夠帶來儒者成為聖賢的機會？理學家邵雍的「觀物」思想，或許對解答這個問題有所裨益。邵雍將觀看包括藝術品在內的萬物，統統當作意識淨化的機會。邵雍認為，普通人帶著自己的情感和情緒來看物，所以，物只是他投射自己情感和情緒的帷幕。這叫「以我觀物」。如果一個人用這種態度來面對物，那他永遠也「格」不出個名堂來。對待物的正確

對待物的正確態度是「以物觀物」，就是要秉持著沒有偏見的心，如其所是地觀察物的本來樣子。在這個意義上，一個理學家的「博古」，也是一場靈魂淨化的練習

4-15 仇英《竹院品古圖》（明）

故宮博物院藏

態度是「以物觀物」，就是一個人要秉持著沒有偏見的心，如其所是地觀察物的本來樣子。[58] 在這樣的姿態下觀物，那麼，他不僅能看到物的本來樣子，而且更重要的是，能夠慢慢學會從一個沒有過多「自己」的視角，看到世界和萬物的本來面貌，感知天地大化的內在道理。在這個意義上，一個理學家的「博古」，是一場靈魂淨化的練習。

朱熹同樣認為，格物有助於一個普通人成為儒家意義上的聖賢。這是因為，天道並不是孤零零懸浮在宇宙之中的某種東西，而是以事和物的形式呈現的道理。這就是所謂的「道不離器」。因此，認識到這個道理的儒者，就會在對事和物的研究中，產生出對天道本身的敬畏。天道正是以這種「敬」的態度為通道，潤入儒者的人格和情感世界，完成對品格的塑造，將他從一個普通人轉變成一位淑世聖賢。

在朱熹的一生中，儘管幾乎對宇宙中的一切都充滿興趣，但他最終還是堅持認為，在所有形式的格物中，研讀儒家經典最為重要。讀書，也是立志成為聖賢的朱熹持續一生的休養方式。[59]

西元一一四三年，十四歲的朱熹秉承父親遺命，到福建崇安定居，拜此地的三位儒學大家為師，研讀《孟子》、《中庸》、《大學》和《論語》四部書。此後，他一直在對這四部書做注解，以「注經」的方式，來表達自己的創見。四十七年後，朱熹終於將他的《四書章句集注》出版。這部規模不大的書，蘊含了朱熹哲學思想的精髓。

在這部書中，朱熹解釋了「格物致知」四個字的含義。他說，人應當不斷接觸外部事物，對每一事每一物都要竭力探索其中蘊含的道理。如此經年累月，有一天就能融會貫通，從而明白天理。所以，格物的歸宿，是「窮理」。

也許傳說中的聖賢能夠窮盡天理，也許天賦異稟的儒學精英能夠在孜孜不倦中逼近天理的全貌。可是，對於正在通往聖賢之路上掙扎的普通人來說，在他有限的短暫一生中，這有可能嗎？三百多年後，一位叫作王守仁的年輕人，將對此發出質疑。

信心

西元一二七九年三月十九日傍晚，廣東新會附近的厓山海面上，早前被俘的南宋大臣文天祥，坐在一艘蒙古軍船上，沉痛看著眼前發生的一切。慘烈的戰鬥已經結束，響徹天際的鼓號炮火聲漸漸停息。雨霧籠罩下的厓山，此刻咫尺難辨，宛如墳塋。十幾萬無名的南宋軍兵，正沉入冰冷的海底。面對眼前的形勢，為了避免投降後受辱，士大夫陸秀夫無可奈何地對皇帝趙昺說，「國事至此，陛下當為國死」。隨後背負年僅七歲的幼帝跳海。

國祚三百二十年的宋帝國，就這樣度過了它的最後一天。

三年前，北方蒙古軍隊進入南宋都城臨安，接受了南宋皇帝獻上的降表。但文天祥等人決心抵抗到底。他們帶著恭宗的兩個兄弟進入福州，試圖在那裡延續心目中的「宋」。直到三年後的這一天，一切希望終於化作泡影。他們所付出的努力，從軍事的角度說，徒勞而毫無意義，卻是三個多世紀中涵養出的宋代士大夫文化最耀眼的餘暉。

勝利者成為中華世界新的統治者。儘管曾在整個歐亞大陸建立軍事霸權，但他們並不以異族自居。勝利者宣稱自己遵從了天命，是「中國」的新繼承者，決心建立一個沿襲中華古制、賡續三皇五帝秦漢隋唐的新帝國，甚至還從儒學經典《周易》的「乾元」二字中拈出了國號：大元。

前朝士大夫的生活則翻開了新篇章。儘管來自北方的陌生人急於標榜自己是天命正統，但倖免

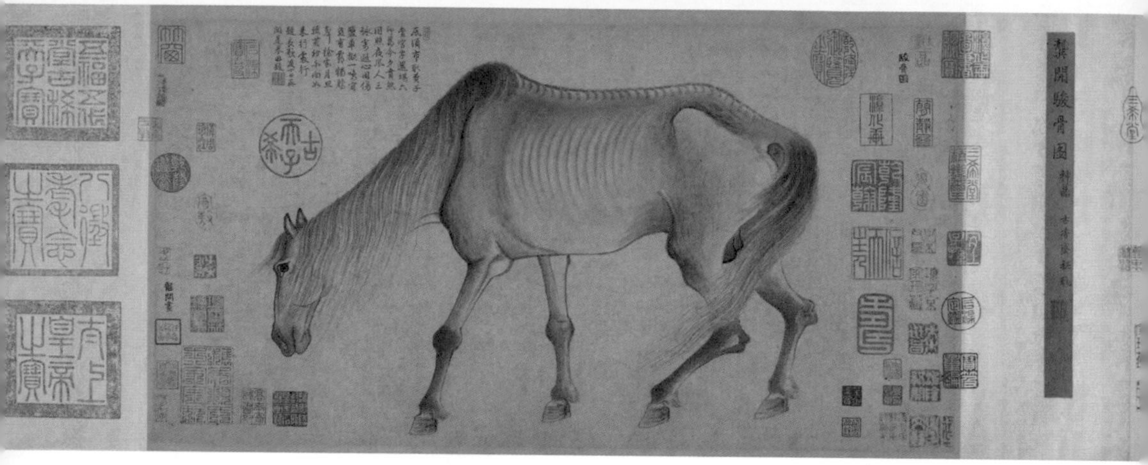

一匹曾經的駿馬，如今已經餓得瘦骨嶙峋，但牠並不慌張，不忘自己是難得的千里馬，固執地在夕陽映照的河灘散步

4-16　龔開《駿骨圖》
（元）

日本大阪市立美術館藏

於難的南方文化精英對此並不買帳。他們記憶中留存的，是襄陽之戰的慘烈，是常州屠城的苦難，是厓山永遠無法彌合的創傷。他們眼前看到的，是新王朝對蒙古色目民族的優待、對北方漢人的輕蔑、對南方漢人的嚴酷打擊和鉗制。對於南方文化精英來說，這是一個至暗時代。

陷入窮困潦倒之境的前朝官員龔開，將深陷絕望的憤怒表達為《駿骨圖》（圖4-16）。畫面中一匹曾經的駿馬，如今已經餓得瘦骨嶙峋。儘管身姿都似乎在搖晃，但牠卻並不慌張，不忘自己本是難得的千里馬，固執地在夕陽映照的河灘散步。[60]這是屬於一位「遺民」的最後尊嚴。

文化和教養，在這個時代，對遺民來說，不是天意的饋贈，而是命運的詛咒。在任何一位十四世紀初的南方文化精英眼裡，噩夢才剛剛開始。在時間的起點上，他們不可能知道大元的盡頭就在五十年後。面對時運的殘局，如何才能度過晦暗壓抑的一生？這個眼前的現實，成了遺民們必須解決的精神難題。

開國之初，稍顯開明。受到新朝關注的個別南方精英，得到了一次與皇帝合作的機會。西元一二八六年，富有遠見的元世祖忽必烈，決定任用為數不多的南方漢人。他開列了一張清單，派御史前往江南，尋訪最傑出的前朝遺民。儘管許多人最終選擇了隱逸和躲避，但也有二十餘人應徵。其中名列榜首的，是三十二歲的青年趙孟頫。日後，他將彪炳史冊，成為中國古代書畫藝術領域承前啟後的一代宗師。

趙孟頫一生中先後侍奉過五位元帝，取得了南方精英在元帝國所能達到的最高政治成就。然而，這條做元官的路，實在艱難。權力場上的妒忌和讒言自然不會少。與蒙古統治者之間說不清道不明的隔閡，也實實在在擺在那裡無法消除。更痛苦的是，自己畢竟是宋室後代，此番出仕新朝，多少背負著失節的瑕疵。不管官當得多大，從始至終，一種墜入塵網、比似籠鳥的心理感受始終籠罩著他。[61]

內心的掙扎固然不堪，但對於趙孟頫來說，倘若在權力的折衝中，能為天下百姓謀得一線太平生機，豈不也十分值得？可是誰又能懂得自己內心這番掙扎中的堅守？作為一位文化修養極高的南方精英，趙孟頫將自己這份心靈上的為難和苦楚，表達在詩作、書法和繪畫作品之中。

西元一二九五年，剛從濟南卸任的趙孟頫回到江南，見到隱居不仕的好友周密。周密雖祖籍濟南，卻從未回過自己的故鄉。趙孟頫於是為他創作了《鵲華秋色圖》（圖4-17）。這幅表現秋日濟南風光的設色山水，氛圍靜謐平淡。在兩座不高的小山所拱衛的平川湖泊上，羊群悠然，漁舟蕩漾。平凡的人們就在此間勞作中度日。或許好友周密能讀懂，這正是一個擱下了節操負擔出仕新朝的遺民內心真正的志趣。他要如同畫中的華不注山和鵲山那樣，卑微卻不可或缺地佇立在朝堂中，看守蒼生難得的太平日子。

心志高潔的人，不是在所有時代，都能在世間的塵網裡翻滾。西元一三二二年，晚年終於如願

畫作映照出了一個放下了節操負擔出仕新朝的「遺民」內心眞正的志趣：他要像畫中的華不注山和鵲山那樣，卑微卻不可或缺地佇立在朝堂中，看守蒼生難得的太平日子

歸隱的趙孟頫去世。此後的元帝，逐漸失去統治帝國的興趣。他們不佳的健康狀況，也加劇了國政的不穩定。貪婪愚蠢重新把持了朝政，汙濁在整個社會翻騰。西元一三三三年，在經歷了十年間更迭六位皇帝的混亂後，元帝國終於迎來最後一任君主。

元順帝即位之初，帝國的局面一度有所好轉，之後，以更快的速度下墜。朝廷中發生的腐化和墮落日益嚴重，流散到天下，化作百姓的飢餓和苦難。到了西元一三五〇年前後，富庶的江南已是一片令人絕望的土地，充斥著腐敗、殘暴和饑荒。在頻遭劫難和訛詐後，感到厭倦的天才畫家倪瓚，再也受不了汙濁和齷齪。他散盡全部的家財，從此乘一葉扁舟，漂泊於太湖水畔。

倪瓚是一個在生活和人格上有著雙重潔癖的人。他不允許心愛的樹木沾染物理意義的灰土，更不允許自己的心靈蒙上精神意義的塵埃。二十多年的太湖漂泊歲月，使這個本就孤

4-17 趙孟頫《鵲華秋色圖》
（元）

臺北故宮博物院藏

僻的老人內心變得更加空無。無論社會風雲如何滌蕩，世間的紛擾沒有一毫能滲進他這顆孤寂的心中。

西元一三七二年，即將離世的倪瓚，心靈早已從對外物和人倫的一切牽累中徹底逃逸。他畫了一幅《容膝齋圖》（圖4-18），宛如自己無聲的遺言。儘管此刻已是朱元璋頒布「洪武」年號的第五年，但一顆「只傍清水不染塵」的心，不會允許印刻著君權的社會化時間沉澱在自己的意境裡。倪瓚給這幅畫落款的時間是「壬子歲七月五日」。這是自然和天道的紀年。

這幅氛圍寂寥的畫，再一次重複了畫家標誌性的「一江兩岸」式構圖。彼岸也許清秀悠遠，但並沒有可乘的舟船去往那裡。此岸蕭瑟的樹與石旁，則有一間可供容膝的草亭。它雖狹小局促，卻也從容不迫。這間不知容納何者的草亭，不屬於任何人，但也屬於所有心有靈犀的人。它彷彿一則寓言，訴說著一個從宇宙視角才能窺探到的祕密：每個人都是此生的匆匆過客，僅此而已。[62]

從龔開、趙孟頫到倪瓚，聳立著中國繪畫史時間線上的元帝國。三人的身分、境遇和生活環境相差巨大，但逃逸出塵網的羈絆，從汙濁齷齪和諸般不得已中掙扎出來，求得一間草亭以容膝，卻

此岸蕭瑟的樹與石旁，有一間可供容膝的草亭。它雖狹小局促，卻也從容不迫，彷彿一則寓言，訴説著一個從宇宙視角才能窺探到的祕密：每個人都是此生的匆匆過客，僅此而已

4-18 **倪瓚《容膝齋圖》**
（元）

臺北故宮博物院藏

是他們共同的嚮往。[63]對於龔開、趙孟頫來說，宋帝國遺民的身分意識，始終困擾著自己的行動和選擇。他們內心的不如意中夾雜著太多「夷夏之辨」。但對於倪瓚而言，事情變得既更加簡單又更加複雜。性格的孤僻實際上是人格努力超拔成超人而在心靈上留下的投影。終其一生，倪瓚都不是任何塵世帝國的遺民。他是彼岸世界在此世的遺民。不幸就在於，如同他自己都意識到的那樣，這個彼岸世界也許並不存在。

「遺民」是被拋棄者的自我感受。但這種身分意識也會妨礙他們正確理解這種感受的實質。遍布宮室朝堂的汙濁和齷齪，流散在日常生活中的人類偏見、恐懼、失望、貪婪、殘忍，是每一個時代、每一片土地上的人都會面臨的現實。它們不是元帝國統治下江南的特產，既不會隨帝國的潰敗而遁入草原，也不會因心靈對此岸的拋棄而煙消雲散。每一位試圖在汙濁包裹的世界中保持內心潔淨和高尚的人，都必將面對「如何自處」的難題。

在濁世的洪流中，人應當如何自處？如何維持他內心的秩序、統一和完整？失去一切的龔開以充滿藝術品位的憤怒作為回應；仕途得意的趙孟頫藉由詩書畫在內心自我辯解；性格孤傲的倪瓚則在物理和精神上將自己與塵世完全隔離。作為宋代士大夫文化涵養出的南方精英，他們都在努力化解這個問題。但是，這些解決方案不僅不可複製、難以模仿，而且充滿了文化精英主義色彩。下一個時代即將來臨，一位天才哲人將以無盡的苦難和坎坷為代價，在思想世界為每一個普通人找到解決這個問題的答案。

西元一五〇七年的一天晚上，在貴州西北部龍場驛附近的一座鐘乳洞中，一位叫作王守仁的三十七歲男人，又一次靜靜端坐在那裡沉思。從來到龍場驛發現這個鐘乳洞起，他就喜歡上了這個地方，給它起名「陽明小洞天」，以示對家鄉紹興陽明洞的懷念。後人也因此稱他為陽明先生。在這小洞中，像這樣的端坐靜思，他已經體驗了不知多少次。

陽明先生原非本地人。當時正是明武宗正德年間，皇帝嬉遊，宦官弄權。前一年，一眾大臣實在看不下去，上奏彈劾大太監劉謹。隨後，皇帝的偏袒，劉謹的報復，文臣們的據理力爭，反覆拉鋸上演了幾輪。一身正氣的兵部主事王陽明也參與進去，上了一道奏疏。與許多人指桑罵槐不同，陽明的奏疏直陳君過，引發武宗震怒，將他打入錦衣衛大牢，關了四十多天，又打了四十廷杖後，才發配到這邊遠、荒涼、艱苦的龍場驛來。[64]

陽明出生於一個書香世家。十歲那年，父親王華就中了狀元，並且深受孝宗皇帝器重。陽明耳濡目染，立下極大的志氣。有一次，他問私塾老師，做什麼事才算天下第一等人？老師說，像你爸爸那樣中狀元，就是第一等人。小小年紀的陽明斷然反駁說：狀元科科有，不足為奇；做個聖賢，才算第一等人！

那時，私塾中的陽明還不知道，做聖賢的路究竟該怎麼走。但私塾所提供的教育，已是得到官方認可的標準化「程朱理學」。在朱熹手中集大成的宋代理學思想，早在兩個半世紀前就已經北傳。[65] 朱熹的《四書章句集注》，也已成為科舉考試鄉、會兩試的指定教材和命題根據。少年陽明，對教材中教導如何成聖賢的《大學》篇，再熟悉不過了。

既然連聖人朱熹在對《大學》的注解中都說，透過格物致知掌握「天理」就能成為聖賢，少年陽明當然認為值得一試。十七歲左右時，陽明和一位同輩朋友商定，就從父親官署庭前的竹子著手，開始他們成為聖賢的路。兩人站在竹前，目不轉睛，冥思苦想。站到第三天，朋友病倒，遺憾退出。陽明繼續堅持，到了第七天，終於也病倒了。陽明對自己很失望，覺得既然「八目」的前兩步都過不去，那麼成為聖賢簡直不可能了。

一年後，陽明奉父命到江西南昌迎娶自己的夫人。在南昌短暫住了一段時間後，他攜夫人返回浙江家鄉。返程路過上饒時，陽明專門去拜訪了住在此地的大儒婁諒，請教格物致知。婁諒告訴陽明，朱子說的格物致知，不是盯著東西看，好像人能用目光把天理給摳出來，而是指遍讀儒家聖典，尤其四書五經，把天理從經書中一點點給體會出來。在這次極為重要的談話中，婁諒還告訴陽明，聖賢的確是可學的，但關鍵是要循序漸進有章法地讀書。恍然大悟的陽明，又有了成為聖賢的信心。

回到家鄉的陽明開始了苦讀。但隨著讀書的日漸深入，陽明卻越來越感到，對儒學經典日夜苦讀式的格物，除了獲得支離破碎的知識，似乎並不能真正成為聖賢。這個發現，其實早就被朱熹的同時代人陸九淵覺察到。但明代提倡朱學、壓制陸學，少年陽明只能靠自己的洞察，捕捉到這一點。

陽明此刻體會到的，是一個事關根本的問題。儒家經典《中庸》中有這樣一句話，說一個真正的儒家聖賢，一定要既尊崇內在品格的德性（「尊德性」），又努力去學習一切知識（「道問學」）；既獲得廣博的知識，又掌握其中的精妙微巧之道；既能無比聰明伶俐，又在行事中遵從中庸之道。[66]這段集中體現了儒家「博學」思想的話，表面看似圓融不二、辯證統一，其實卻呈現出「獲取德性」和「獲取知識」這兩件事之間的內在矛盾。

對於朱熹來說，「道問學」是「尊德性」的前提；獲取知識、掌握天理，是一個儒者在人格上與天理合二為一、成為聖賢的必要準備。但陽明的懷疑恰恰就指向這一點。作為一個既立志做聖賢、又孜孜苦學的年輕人，他已經意識到，有知識的人不一定有德性；積累知識並不一定能使一個人成為品德高尚的人。他不明白，像搜集寶貝那樣搜集知識，為什麼就一定能夠在一個人的內心中激蕩起引發精神突變的風雲，使他成為聖賢？畢竟，一個人可以透過讀書「知道」很多事情，但這並不因此會讓他變得「更好」。

似有似無的聖賢路，又中斷了。

陽明的一生，除了念念不忘成為聖賢，也對一切人類精神生活方式充滿興趣。他寫得一手好書法；模仿難以模仿的倪瓚作畫可以亂真；詩詞一流，口才絕佳，言說直指人心；內心中甚至還充滿游俠騎士的浪漫。除此之外，他也對佛道思想始終保持著濃厚興趣。

聖賢之路第二次中斷後，陽明在佛道思想中沉迷了相當長時間。那時，他嚮往佛教的出世和道教的隱逸，也對成為神仙充滿熱情，一個人躲在紹興陽明洞中靜修。奇妙之處在於，越是在佛道修行的路上走遠，陽明就越能洞察到佛道思想的缺陷。這種反思的源泉，是他揮之不去的孝心。

陽明生活在一個異常具有溫情的家庭。祖父和祖母對他疼愛有加，父親的嚴格剛毅也滿含信任和溫情，一生都不計生死安危地支持他的決定。人倫和日常，對於陽明來說，不僅不是一張急於擺脫的羈網，反而賦予他此世生活的座標。在隱居陽明洞的這些日子裡，陽明極為認真地思考了人倫日常與出世隱逸這兩種生活的含義。最終他認識到，孝悌之心是人性最根本的定義。[67]儒學和儒家生活方式，才是正確的選擇。

既然朱熹的格物致知走不通成為聖賢的路，而儒學和儒家生活方式又是人性必然的選擇，那聖賢之路到底在哪裡？

從再次立志成為儒家聖賢，到困居龍場驛，這中間充滿了身體和精神上的苦楚。在叢林環繞、瘴氣充盈、偏僻貧窮、尚未開化的龍場驛，陽明日夜反思自己自幼以來的心路和磨難。京城傳來的消息也讓他不安。父親已經被免除官職，宦官劉瑾對王門的迫害已經開始，跌落政治谷底的自己，

隨時都有可能被結果了性命。儘管死生大義以往的聖賢都講得很清楚，但臨到自己身上，似乎還是做不到《孟子》所說的「不動心」。在鐘乳洞中靜坐的時候，他想琢磨明白，到底怎麼才能打破「尊德性」和「道問學」的尷尬分離？他問自己，如果偉大的古代聖賢困於他的處境，他們此刻又會怎樣面對？[68]

就是在西元一五〇七年的這天晚上，靜坐中似夢似醒的陽明，突然開悟。他認識到，天理並不是因被聖賢說過、被經典記過而成其為天理。天理其實就在一個人自己的「心」裡。就像孟子所說，一個路過水井的人，若是見到有小孩快要掉進去，會自然而然地產生擔憂和同情，奮不顧身地施以援手。[69]這是一個人「本心」的自然流行，無須掌握諸如「人要同情他人」這樣的外在道理。

心即理，心外無理！

這一個被後世稱為「龍場悟道」的夜晚，揭開了陽明「心學」思想的大幕。

就像陽明自己指出的那樣，所謂的「心」，並非器官意義上的人體構造。[70]在古代中國的科學想像中，「心」的概念涵蓋意識所及的一切領域。所謂的「心即理」，並不簡單指一切在意識世界中活動的觀念和想法都是天理。所謂「心外無理」，更不是佛學所說的心外無物、萬法皆是幻化的心相。[71]在概念還不精確的古代思想世界，陽明透過這些詞句想表達的真實意思是：意識賦予外部世界以意義；世界表現出來的秩序和意義，只有依託人的意識世界才存在。離開了人的意識，世界沒有秩序，天理自然也就蕩然無存。

許多年後，畫家董其昌從「心即理」的思想中，體悟出一種新的繪畫表達方式。他按照「表達畫家心中自然，而非表現自然本身」的標準，建構了一條理解山水畫的新線索，被稱為「南宗畫」。

本來，在諸如郭熙這樣的傳統山水畫家看來，山水畫的一個重要價值，就是為深陷塵網無法自拔的士大夫，提供心靈棲息之所。他們相信，目光在畫面上的游移，實際上也是身體經由幻想進入畫面的契機。更早的南北朝時期，畫家宗炳就將這種觀賞方式稱為「臥遊」。

董其昌在心學思想的鼓舞下，指出宗炳、郭熙所提倡的這種觀念，誤解了山水畫的真義。山水畫的全部意義，是表達畫家心目中理想的世界和人倫秩序，不管這種秩序在真實世界是否存在。在他繪製的典範之作《夏木垂蔭圖》（圖4-19）中，著重表達了這一新觀點。儘管山林中點綴著

「心學」的擁躉董其昌認識到，山水畫的全部意義，是表達畫家心目中理想的世界和人倫秩序，不管它是否眞實存在。在心靈之外，它不存在；在心靈之中，它實實在在。

4-19 **董其昌《夏木垂蔭圖》**
（明）

臺北故宮博物院藏

幾間無人的空屋，但畫面中找不到一條通往屋子的道路。這是一個不可居、不可遊的世界，它是畫家心靈世界的倒影。在心靈之外，它不存在；在心靈之中，它實實在在。

儘管董其昌發揮得很遠，但陽明本人並沒有興趣站在宇宙論的角度定位自己提出的心學。[72] 對陽明來說，最有意義的問題始終是如何在人倫世界中成為聖賢。因此，發現「心即理」，首先意味著他已經充分認識到，為了解決理學家提供的聖賢之路的不足、彌合「尊德性」與「道問學」之間的差距，從邏輯上講，意識世界中就必須有一個絕對至善至潔的本體存在。只有依靠這個意識本體（「心體」），普通人轉變成為聖賢的過程才能不假任何外物，而自覺自主地發生在他自己心靈的內部。

陽明堅定地認為，意識本體是至善至潔的，也可以說是無善無惡的。這個觀點的基礎，是對什麼是善、什麼是惡的獨特理解。在陽明看來，善是天理的自足，而惡在本質上，是意識由於深陷某種被遮蔽狀態、缺乏對善的感知所造成的後果。因此，對意識本體來說，就其沒有匱乏這一點而言，它至善至潔；就其充分自足這一點而言，它無善無惡。

按照這個見解，人的最大不幸就在於受到蒙蔽，認識不到意識本體就藏在他自己的心裡。這些不幸的人，像一棵沒有根的蘆葦，日日夜夜都在塵世的欲念糾纏中漂浮搖擺。在他們的意識世界，本體的清澈澄明早已與駁雜的激情和欲望混在一起，以至於混沌不堪。因此，對於他們來說，成為聖賢的關鍵，就在於感受到意識本體的存在，並竭盡全力去恢復它的清澈澄明。人，必須在自己的意識世界中，不斷地克除那些卑劣和渺小的東西，堅守那些高尚和偉大的東西，一刻也不能停息。

洞悟到這一切的陽明，更加確信朱熹誤解了格物致知的本意。他宣告，格物致知的真正意思，是透過克服自己夾雜私欲的心，努力讓它回復本體狀態，成為昭彰天理的真正源泉。也只有這樣，一個人的所知和他的所行，才能真正合而為一。自庭前格竹起就困擾陽明的巨大難題解決了。成為聖賢的目標，終於在思想隧道的盡頭重新點燃，變得清新明亮。

不過，這個意識本體究竟是什麼？它到底是邏輯為了追求一致而不得不採取的理論虛構，還是實實在在存在於人心之中從而可以被把握、被體驗的具體意識？「龍場悟道」還沒有解決這些問題。心學更精粹的輝煌，要等到人世間更大的磨難降臨到陽明身上。

龍場驛的生活持續一年半就結束了。命運在谷底終於開始反彈，此後陽明屢屢升遷。西元一五一九年，寧王朱宸濠發動叛亂。陽明奉命平叛。愚蠢顢頇而剛愎自用的朱宸濠，遠不是陽明的對手。叛亂只持續了四十三天即告結束。朱宸濠被生擒。然而，還來不及慶祝大捷，陽明就遭遇了一生中最嚴峻的險惡。

此時的宮廷，雖然劉謹已被處死，但武宗任用奸小、信賴宦官的毛病絲毫沒有收斂。宸濠之亂爆發後，新掌權的宦官慫恿皇帝親征平叛。戰事過早結束，令興趣盎然的武宗大為失望。他一意孤行，要借機南下，過一把英雄癮。為了討好皇帝，宦官們下令陽明立即在鄱陽湖上交接俘虜，打算接收後將寧王放掉，再讓武宗親手抓獲。

沒有一個正人君子能接受這種有違天理的荒唐。陽明因而深深得罪了皇帝身邊的奸佞群小。在武宗以「親征」為名駐留江南的十四個月裡，宦官們多次設計，甚至不惜向皇帝造謠說陽明有謀反之意，幾次將陽明置於生死險境。一代心學宗師此刻的處境，已若疾風中駕駛破舟的無助船夫，除了奮力壓住舵柄，再沒有其他辦法可想。

也正是在異常驚險的局面淬鍊下，陽明心學又一次被拔升上了新的思想高度。西元一五二〇年春夏之際，武宗仍駐留江南，奸小的算計和迫害遠沒有停止。但在和前來看望他的弟子陳九川談話

時，陽明卻說：「良知」是一個人心靈的家底，只要人不刻意矇騙欺瞞它，扎扎實實按照它的指引去做，善就一直存在，惡就無影無蹤，心就會始終穩穩當當、快快樂樂。[73] 陽明已經悟到，意識本體就是一個人自己的「良知」，成為聖賢的關鍵就在於「致良知」。「龍場悟道」遺留的問題得到了解決。心學終於達到了最後的成熟。[74]

良知的觀念最早出自《孟子》，指不依賴於人的生活經驗、不依賴於人的主觀努力而自覺自發表現出來的一種意識傾向。[75] 但對於陽明來說，除了這層意思，良知還是意識世界中最為公正莊嚴的部分。它沒有任何自己的偏私。任何夾雜偏私的意識都是對良知的遮蔽和掩蓋。也正因此，它評判是非、指引是非，但卻從不參與是非。它指引人的行動和意念，但無論人如何行動、生出何種意念，都不會破壞它本然的至善至潔。

良知唯一的大敵，是人心面對世事時的私心和私欲。這私心和私欲無處不在，酷似山中潛伏的賊。但心中賊實在太過狡猾，遠比山中賊難破。它滲透在一個人日常周遭生活的方方面面，可能直接顯現為貪圖財貨的功利，可能喬裝成與人論辯爭勝的傲慢，可能打扮成唯我獨尊的狂悖，也可能化裝成惜命畏死因而不敢秉公辦事的鄉愿。一個人只有始終以「誠」的態度對待自己，不自欺、不欺人，時時刻刻提防著私心和私欲的侵襲，他才能發現，良知其實就像一面鏡子一樣，一直掛在自己意識世界的中心不曾離開。良知是所有人共同擁有的寶藏。只要努力發現它、守護它、接受它的主宰，狠狠克制自己的私心和私欲，那麼，每個人都可以成為堯舜。

心學發展到「致良知」學說時，陽明虛歲五十。孔子曾在《論語·為政》中說，「吾十有五而志於學，三十而立，四十而不惑，五十而知天命」。自幼就飽受肺結核折磨，兩次會試都為妒忌者壓制而不中，終生在險惡仕途中顛簸羈縻的陽明，此時終於洞徹了他的天命。從此，他擺脫一切私心和私欲，不討好任何人，不畏懼任何事，不在乎任何妒忌和排擠，以「狂者胸次」，憑良知處世。[76] 儘管世人施加的難堪和屈辱還遠沒到極點，但陽明已經找到在疾風驟雨中支撐心靈舵柄的最後法寶。[77]

在提出「致良知」學說前後，弟子蔡世新曾為恩師繪製了一幅肖像畫（圖4-20）。此前已有許多畫師試著為陽明繪像，但都不夠貼切。蔡世新作畫時，特意側寫陽明面容，使先生的顴骨冷峭聳

「心學」發展到「致良知」學說時，陽明時年虛歲五十。儘管世人施加的難堪和屈辱還遠沒到極點，但陽明已經找到在疾風驟雨中支撐心靈舵柄的最後法寶

4-20 蔡世新繪王陽明肖像軸（明）

上海博物館藏

立，凸顯出來。一個錚錚鐵骨、無所畏懼、得道而行的陽明，躍然紙面。對這幅肖像畫，陽明感到很滿意。

西元一五二七年，已經病入沉痾的王陽明，最後一次應朝廷徵召，準備率部前往廣西平叛。此前，陽明已將自己畢生學說要旨概括為「無善無惡是心之體，有善有惡是意之動，知善知惡是良知，為善去惡是格物」四句話。但弟子王畿和錢德洪二人，在理解上還存在分歧。

王畿認為，老師說的話似乎不夠充分。既然意識本體無善無惡，那麼說到意識的發動、感知和糾偏時，就不存在有善有惡、知善知惡、去善去惡的問題了。從意識本體中自然發動心意、自然感受良知的運作、自然應對事物，就足夠成為聖賢了。

錢德洪則認為，老師的意思是對的。意識本體本來是無善無惡的，但意識世界在日常世界中沾染了很多私心雜念，所以本體就被遮蔽了。因此，每個人都必須在分別善惡、守善除惡上下功夫，努力克除意識世界沾染的私心和私欲，這樣才能恢復意識本體，成為聖賢。

聽說弟子的認識分歧後，自知此去難返的陽明，將兩人找來，在出征前的一個晚上，與他們在紹興天泉橋上做了最後一次談話。陽明告訴他們，如果是一個天賦異稟的「利根之人」，那麼按照王畿的理解就可以了。但對於每一個普通人來說，必須要注重在日常生活的點點滴滴中克除私念，按照錢德洪的理解去修養。說完之後，陽明還特意補充強調，世間大部分人都是資質普通的人，所以千萬不要輕易採取王畿的理解，否則心學的精神一定會流於狂悖空疏。

這是陽明對自己心學思想的最後定論。目光如炬、精通佛道的他此時已經洞察到，在自己的身後，一些對人性的複雜性缺乏嚴肅認識的人，會在輕率的自信心驅動下，沿著王畿的思路，將心學中「克己復禮」的儒家底色徹底剝除，使它完全蛻變成「狂禪」之類的邪說。

陽明沒有時間去糾正這種危險了，但他也已經向世人交付了自己對人性的真正信心。陽明相信，所有人的「心」裡，都有一個叫作「良知」的光明本體。因此，他的心學，也就將所有掙扎在私欲塵網中的普通人，都當作了教化的對象。他鼓勵每一個平凡的人，挺起勇氣和自信，在自己的身上尋找面對命運和生活逆流的武器，以自己的「心」為光明的火炬，無所畏懼地照亮所有壓頂而來的黑暗。

陽明用自己一生的苦難，將此世所有的古聖大儒、文士名流、鄉野愚夫，推到了成為聖賢之路的同一條起跑線上。

從士大夫文化登上古代中國思想世界的舞臺，到陽明心學完成新儒學精神的平民化，六個世紀已經過去。在這六個世紀中，中國文明最優秀的頭腦，一代代接力，探索出獨屬中華民族的心靈生活方式，締結了無數光彩奪目的思想果實。他們深信，對於中國人來說，生命的意義就在此生、此世和此刻。人無須彼岸或來世的救贖。在每一個奔波勞作的人身上，都隱藏著通往偉大和崇高的東西。

這些哲學思想的英雄，將那些比現實人性更高、更莊嚴的東西，稱作「道」、「理」或「心」。他們莊嚴無畏地活在自己構造出的理念中，以絕學和往聖的繼承者自居，護守著從我們祖先傳下來的觀念文化和精神氣概。他們在塵世中自我超拔，在此岸尋找拯救蒼生的辦法。他們的共同信念，如果非要歸結成一句話，大概沒有能比大儒朱熹說過的一句來得更好的了：

萬一山河大地都陷了，畢竟理卻只在這裡！

註釋

1 〔美〕譚凱：《中古中國門閥大族的消亡》，胡耀飛、謝宇榮譯，社會科學文獻出版社，二〇一七年版，第219頁。

2 《論語・子罕》：「子畏於匡，曰：『文王既沒，文不在茲乎？天之將喪斯文也，後死者不得與於斯文也；天之未喪斯文也，匡人其如予何？』」

3 石介《中國論》：「聞乃有巨人名曰佛，自西來入我中國；有龐眉曰聃，自胡來，入我中國。各以其人易中國之人，以其道易中國之道，以其俗易中國之俗，以其書易中國之書，以其教易中國之教，以其居廬易中國之居廬，以其禮樂易中國之禮樂，以其文章易中國之文章，以其衣服易中國之衣服，以其飲食易中國之飲食，以其祭祀易中國之祭祀。」

4 〔英〕麥大維：《唐代中國的國家與學者》，張達志、蔡明瓊譯，中國社會科學出版社，二〇一九年版，第63－64頁。

5 韓愈在《論佛骨表》中，為了支撐「佛祖並不庇佑供奉者」的論點，采取了事例論證。他說，東漢以後奉佛的皇帝，沒有一個活得長久。正是這一點，深深激怒了唐憲宗。《新唐書・韓愈傳》：「帝曰：『愈言我奉佛太過，猶可容；至謂東漢奉佛以後，天子咸夭促，言何乖剌邪？愈，人臣，狂妄敢爾，固不可赦。』」

6 韓愈到達潮州後，聽聞鱷魚成災，寫下名篇《祭鱷魚文》。

7 《潮州府志》：「元和十四年，刺史韓愈貶潮州。遠地無可與語，聞大顛名，召至，留十餘日，謂其能外形骸，以理自勝為難得。因與往來，及祭海神，至潮陽，遂造其廬。未幾移袁州，復留衣服為別。」

8 葛兆光：《增訂本中國禪思想史：從六世紀到十世紀》，上海古籍出版社，二〇〇八年版，第67頁。

9 葛兆光：《禪宗與中國文化》，上海人民出版社，一九八六年版，第6頁。

10 方立天：《中國佛教哲學要義》（上卷），中國人民大學出版社，二〇〇五年版，第372頁。

11 呂澂：《中國佛學源流略講》，中華書局，一九七九年版，第146－147頁。

12 〔日〕忽滑谷快天：《中國禪學思想史》，朱謙之譯，上海古籍出版社，一九九四年版，第82－84頁。

13 但是要注意的是，禪宗所講的念佛，不是觀想佛的實相，而是觀想無實相的佛。在這個意義上，念佛也就是不著於相的心性修煉。是否觀想實相，實際上是禪宗與早期「禪」修習的重要區別。

14《壇經》記載，神秀的偈語：「身是菩提樹，心如明鏡台。時時勤拂拭，勿使惹塵埃。」

15《壇經》記載，惠能的偈語：「菩提本無樹，明鏡亦非台。本來無一物，何處惹塵埃。」

16 有心可修和無心可修是神秀禪與惠能禪的根本差異。參見洪修平、孫亦平：《惠能評傳》，南京大學出版社，一九九八年版，第107頁。

17 盧國龍：《道教哲學》，華夏出版社，二〇〇七年版，第362頁。

18 朱良志：《南畫十六觀》，北京大學出版社，二〇一三年版，第47－53頁。

19《文獻通考．選舉考》：「唐士之及第者，未能便解褐入仕，尚有吏部一關。韓文公三試於吏部無成，則十年猶布衣；且有出身二十年不獲祿者。而宋則一登第之後，即為入仕之期；其數之多如此，取之易復如此，則宋之以進士入仕者，其冗當數倍於唐。」

20 蒙培元：《中國心性論》，學生書局，一九九〇年版，第263頁。

21〔日〕忽滑谷快天：《中國禪學思想史》，朱謙之譯，上海古籍出版社，一九九四年版，第211頁。

22 馮友蘭先生曾指出，宗密在《原人論》最後對元氣觀念的討論，對宋明理學思想具有極為重要的先導作用。參見馮友蘭：《中國哲學史》（下），華東師範大學出版社，二〇一五年版，第151頁。

23 據說僅存的一幅真跡藏於日本私人手中。參見〔日〕伊勢專一郎：《中國山水畫史：自顧愷之至荊浩》，上海書畫出版社，二〇二〇年版，第87頁。此外，臺北故宮博物院收藏了一件北宋畫家臨摹的荊浩作品《匡廬圖》。

24〔美〕方聞：《夏山圖：永恆的山水》，談晟廣譯，上海書畫出版社，二〇一六年版，第146頁。

25《宣和畫譜》范寬：「前人之法，未嘗不近取諸物，吾與其師於人者，未若師諸物也。吾與其師於物者，未若師諸心。」

26〔英〕邁珂．蘇立文：《山川悠遠：中國山水畫藝術》，嶺南美術出版社，一九八九年版，第50－51頁。

27 陳來：《宋明理學》，北京大學出版社，二〇二〇年版，第39頁。

28《太極圖說》：「萬物生生，而變化無窮焉。惟人也，得其秀而最靈。形既生矣，神發知矣，五性感動，而善惡分，萬事出矣。聖人定之以中正仁義（聖人之道，仁義中正而已矣），而主靜（無欲故靜），立人極焉。」

29 唐君毅先生認為，宋儒始終堅持一種「以人道透視天道，以天道保證人道」的哲學思維。參見唐君毅：《中國人文精神之發展》，九州出版社，二〇一六年版，第18頁。

30 宋徽宗在圖上題詩：「秋勁拒霜盛，峨冠錦羽雞。已知全五德，安逸勝鳧鷖。」

31 《張子正蒙》：「氣之聚散於太虛，猶冰凝釋於水。」

32 《近思錄・卷一》：「屈伸往來只是理，不必將既屈之氣復為方伸之氣。」

33 朱熹曾批評張載的這一觀點是陷入了佛教「大輪回」，許多論者已經指出，這個批評有失準確。參見陳來：《宋明理學》，北京大學出版社，二〇二〇年版，第47頁。但是，需要指出的是，二程的批判則具有深刻之處。參見楊立華：《宋明理學十五講》，北京大學出版社，二〇一五年版，第133頁。

34 《林泉高致・山水訓》：「世之篤論，謂山水有可行者，有可望者，有可游者，有可居者。畫凡至此，皆入妙品。」

35 《周易・繫辭上》：「生生之謂易。」

36 郭熙的《林泉高致》顯著地受到《周易》影響，而二程也專門撰寫過《周易程氏傳》，借著注解《周易》表達自己的哲學思想。

37 陳來先生指出：「天地大化流行的過程，是一個客觀的自然過程，無所主宰，不以人的意志為轉移，在這個意義上，可說天地無心；但是，就天地以生物為本而言，陰陽交感，運行不息，也確實有個生物之心，這是客觀的規律，自然的功能，也就是宇宙的心。」參見陳來：《仁學本體論》，生活・讀書・新知三聯書店，二〇一四年版，第316頁。

38 《程氏外書・卷十二》：「吾學雖有所受，天理二字卻是自家體貼出來。」

39 何俊：《南宋儒學建構》，上海人民出版社，二〇一三年版，第15頁。

40 石守謙：《風格與世變：中國繪畫十論》，北京大學出版社，二〇一八年版，第117頁。

41 同上，第119頁。

42 孔穎達《毛詩正義・卷十六》：「孟子，古之賢大夫，而皆子思弟子，去聖不遠。」

43 也正是孟子，明確指出「聖賢」可學。《孟子・告子下》：「子服堯之服，誦堯之言，行堯之行，是堯而已矣。」

44 〔英〕麥大維：《唐代中國的國家與學者》，張達志、蔡明瓊譯，中國社會科學出版社，二〇一九年版，第59－60頁。

45 《論語・述而》：「子曰：『飯疏食飲水，曲肱而枕之，樂亦在其中矣。不義而富且貴，於我如浮雲。』」

46 《論語・雍也》：「子曰：『賢哉回也！一簞食，一瓢飲，在陋巷。人不堪其憂，回也不改其樂。賢哉回也！』」

47《周子通書．顏子第二十三》：「顏子，一簞食，一瓢飲，在陋巷，人不堪其憂，而不改其樂。夫富貴，人所愛也，顏子不愛不求，而樂乎貧者，獨何心哉？天地間有至貴至愛可求而異乎彼者，見其大而忘其小焉爾！見其大則心泰，心泰則無不足，無不足則富貴貧賤處之一也。處之一，則能化而齊，故顏子亞聖。」

48《孟子．盡心上》：「君子所性，仁義禮智根於心。其生色也，睟然見於面，盎於背，施於四體，四體不言而喻。」

49《論語．先進》：「點！爾何如？」鼓瑟希，鏗爾，舍瑟而作。對曰：「異乎三子者之撰。」子曰：「何傷乎？亦各言其志也。」曰：「莫春者，春服既成。冠者五六人，童子六七人，浴乎沂，風乎舞雩，詠而歸。」夫子喟然歎曰：「吾與點也！」

50《朱子語類》：恭甫問：「曾點『詠而歸』，意思如何？」曰：「曾點見處極高，只是工夫疏略。他狂之病處易見，卻要看他狂之好處是如何。緣他日用之間，見得天理流行，故他意思常恁地好。只如『莫春浴沂』數句，也只是略略地說將過。」又曰：「曾點意思，與莊周相似，只不至如此跌蕩。莊子見處亦高，只不合將來玩弄了。」

51《中庸》：「喜怒哀樂之未發謂之中，發而皆中節謂之和。」

52 韓愈在無法忍受潮州生活後，給唐憲宗上了心神慌亂、自貶自褻的《潮州刺史謝上表》，自稱「臣負罪嬰釁，自拘海島，戚戚嗟嗟，日與死迫，曾不得奏薄技於從官之內、隸御之間，窮思畢精，以贖罪過，懷痛窮天，死不閉目，瞻望宸極，魂神飛去」。

53《張子語錄》：「為學大益，在自求變化氣質，不爾皆為人之弊，卒無所發明，不得見聖人之奧。」

54 何俊：《南宋理學建構》，上海人民出版社，二〇一三年版，第7－8頁。

55 李侗繼承了楊時的看法，認為「未發」是指情緒思慮產生之前的心靈狀態，因此主張以「靜默涵養」來修身成聖。但朱熹受湖南學派的影響，認為就人的實際心理狀況而言，情緒思慮在事實上不可能處於「未發」狀態，因此，「已發」只是一種觀念上對理想情緒思慮狀態的指稱，所以，正確的修身方法是「克己主敬」，在對待事物的莊重敬畏態度中體會「未發」的狀態。參見陳來：《朱熹哲學研究》，中國社會科學出版社，一九八八年版，第二部分第一章。

56 陳來：《宋明理學》，北京大學出版社，二〇二〇年版，第23頁。

57 同上，第112頁。

58 參見楊立華：《宋明理學十五講》，北京大學出版社，二〇一五年版，第66－69頁。

59 「讀書」是朱熹心中「格物」的最重要方式，為此朱熹還提出了一套完備的讀書法。南宋時人將其輯錄，形成了《朱子讀書法》一書。參見朱熹：《朱子讀書法》，李孝國、董立平譯注，天津社會科學院出版社，二〇一六年版。

60 〔美〕高居翰：《隔江山色：元代繪畫（1279－1368）》，宋偉航譯，生活．讀書．新知三聯書店，二〇〇九年版，第9－11頁。

61 參見〔美〕李鑄晉：《鵲華秋色：趙孟頫的生平與畫藝》，生活．讀書．新知三聯書店，二〇〇八年版，第49－66頁。

62 朱良志先生對倪瓚畫中「此岸－彼岸」意蘊的讀解深得「雲林逸氣」精髓。參見朱良志：《南畫十六觀》，北京大學出版社，二〇一三年版，第95－134頁。

63 趙孟頫五十五歲時以行書所書的《止齋記》中，就有「一容膝之齋，其中惟竹與菊是植，終日燕坐，誠可樂也」之句。這份珍貴的傳世墨卷如今藏於上海博物館。

64 對此的詳細考證，參見束景南：《陽明大傳：「心」的救贖之路》（上），復旦大學出版社，二〇二〇年版，第六章。

65 開明的忽必烈還很年輕的時候，雄心勃勃，格外重視網羅儒學之士；蒙古軍隊南攻時，特別注意甄別俘虜中的儒生，發現後即送往北方。西元一二三五年，蒙軍在江西德安抓到了一個叫作趙復的儒生後，禮送至當時的中都燕京。早前已得到忽必烈重用的北方漢人楊惟中、姚樞於是創建太極書院，邀請趙復講學。從「二程」傳至楊時，在朱熹手中大興的南方理學，由此進入北方。此後，趙復終生沒有仕元，默默在北方傳布程朱理學。趙復對元代儒學的影響極大，不僅許多北方大儒都出自他的門下，元朝政府的不少高官也因為他而瞭解並認同了理學思想。

66 《中庸》：「故君子尊德性而道問學，致廣大而盡精微，極高明而道中庸。」

67 《傳習錄．下》：「此孝悌一念，生於孩提。此念若可去，斷滅種姓矣。此吾儒所以辟二氏。」

68 〔日〕岡田武彥：《王陽明大傳：知行合一的心學智慧》，重慶出版社，二〇一八年版，第250－255頁。

69 《孟子．公孫丑上》：「人皆有不忍人之心。先王有不忍人之心，斯有不忍人之政矣。以不忍人之心，行不忍人之政，治天下可運之掌上。所以謂人皆有不忍人之心者，今人乍見孺子將入於井，皆有怵惕惻隱之心。非所以內交於孺子之父母也，非所以要譽於鄉黨朋友也，非惡其聲而然也。」

70 《傳習錄．下》：「心不是一塊血肉，凡知覺處便是心。

71 如耳目之知視聽，手足之知痛癢，此知覺便是心也。」《傳習錄》中記載的一則說法，特別容易引起這一誤解。「先生遊南鎮，一友指巖中花樹問曰：天下無心外之物；如此花樹，在深山中自開自落，於我心亦何相關？先生曰：你未看此花時，此花與汝心同歸於寂；你來看此花時，則此花顏色一時明白起來：便知此花不在你的心外。」傳統上，許多學者認為這段話似乎應和了所謂主觀唯心主義的世界觀，認為外部世界是意識的產物。但仔細研讀不難發現，整個對話的要害在於「於我心何關」而非「花樹是否存在」。用今天的哲學術語說，這段對話的真正關注點是在「外部世界如何與主體心靈建立聯繫」問題上。

72 高居翰在《氣勢撼人》中對董其昌畫作與「心學」的關聯做了有力的論證。參見〔美〕高居翰：《氣勢撼人：十七世紀中國繪畫中的自然與風格》，生活·讀書·新知三聯書店，二〇〇九年版，第二章。

73 《傳習錄·下》：「爾那一點良知，是爾自家底準則。爾意念著處，他是便知是，非便知非，更瞞他一些不得。爾只不要欺他，實實落落依著他做去，善便存，惡便去，他這裡何等穩當快樂；此便是『格物』的真訣，『致知』的實功。若不靠著這些真機，如何去格物？我亦近年體貼出來如此分明，初猶疑只依他恐有不足，精細看，無些小欠闕。」

74 一些學者從思想線索上論證，指出致良知學說是《孟子》良知說和《大學》格物說結合而成。陳來先生指出，致良知學說與陽明「經歷了複雜事變所獲得的深刻的個人體驗密切相關，是他自己的生存智慧的昇華，是心靈經歷艱苦磨煉發生的證悟」。參見陳來：《有無之境：王陽明哲學的精神》，北京大學出版社，二〇一三年版，第152頁。

75 《孟子·盡心上》：「人之所不學而能者，其良能也；所不慮而知者，其良知也。」

76 《傳習錄·下》：「先生曰：我在南都以前，尚有些子鄉愿的意思在。我今信得良知真是真非，信手行去，更不著些覆藏。我今才做得個狂者的胸次，使天下之人都說我行不掩言也罷。」

77 王守仁：《王陽明全集》（上），吳光、錢明、董平、姚延福編校，上海古籍出版社，二〇一一年版，第229頁。此處收錄陽明在給鄒謙之的信中說道：「所幸良知在我，操得其要，譬猶舟之得舵，隨驚風巨浪顛沛不無，尚猶得免於傾覆也。」

尾聲

陽明之後的世界

王陽明滿二十歲的那一年，熱那亞人克里斯多福．哥倫布從西班牙西南海岸出發，開始了自己的冒險。他此行的目的地，本是東方的中國和印度，那裡據說是一個遍地香料和黃金的天堂。經過七十天的航行，哥倫布發現了一片島嶼。他以為自己到達了日本群島，但其實那是還沒有和歐洲文明相連接的土地：美洲。全球商業和貿易版圖，從此發生根本改變。

西元一五二九年，飽受肺結核折磨的王陽明，在急迫歸鄉的路上離世。六年後，德意志人馬丁．路德在歐洲出版了他畢生最滿意的著作《〈加拉太書〉注釋》。在書中，他凝練總結了自己的「因信稱義」思想，再一次宣稱，一個真正的基督教徒，只需要依靠自己在內心深處對上帝的信仰，而無須任何教會、教儀、教父的幫助，就能成為上帝眼中的聖人。個人主義的精神，於是在歐洲蔓延。

哥倫布和路德，兩個毫無相似之處的歐洲人，無意間聯手接生了一個新世界的到來。在這個新世界裡，商人的地位節節高升，成為上帝的使徒；金錢的意義不斷放大，化作世界的精靈；個人不再是匍匐在神聖秩序下的罪人，他們最終都將挺立，成為自己眼中宇宙的中心。

在商業革命和新教傳播的推動下，十七世紀的荷蘭經濟異常活躍發達。發了財的商人不僅要享受榮華，還想在思想世界將自己的行動合理化。一七〇五年，新做派的代言人曼德維爾（Bernard Mandeville）出版了《蜜蜂的寓言》，要表達的思想就寫在了書名的小標題裡：「私人的惡德，公眾的利益」。發了財的人自信地宣告，沉迷於私心算計、貪圖貨殖利益，雖然對一個人自己來說，可能要付出靈魂墮落的代價，但對社會整體而言，卻能推動文明的發展。現代資本主義，擁有了它的第一個代言人。

三百年後的今天，世界已經被起源於歐洲的現代資本主義改造得天翻地覆。在或主動或被動地

捲入全球市場的每一寸土地上，人都必須學會按收益—成本的原則開展理性化算計。這是貨幣發出的最高教導。

「貨幣是天生的平等派」。奉行新價值觀的社會，無意間也成為一個平等主義盛行的世界。它前所未有地肯定並提倡勤勉、奮鬥、審慎的價值。從此，一個理性化算計的優勝者，無論曾經有過什麼樣的出身、背景、膚色、性別，都能夠單憑自己的智力和勇氣獲得財富和地位的褒獎。在這個意義上，不能不說，自我利益的覺醒，是現代個體掙脫束縛、獲得解放的基礎。

但與此同時，現代社會也否定了許多在傳統上為人們所珍視的價值。在追逐自利的過程中，我們很多人不再將自己想像為宇宙中最為高貴的生靈，也不再去為這一高貴尋找精神世界的根據。我們的心靈越來越屈服於內在的激情，將自己僅僅看作一團由欲望集合起來、瞬息萬變的快感體驗中心，在其中體驗著自身和世界的共同虛無。

這種對自利的一味追求，有時非常不幸地表現為不受節制、永無止境的私欲。私欲遮蔽了我們打量世界的眼光，使我們將美好而值得一過的此生僅僅當作爭與奪的戰場。豐富的人類感情、多樣的人類聯結形態，愛、友誼、感動，統統被降低為理性化算計的籌碼和工具。

如果古代中國思想世界的先哲往聖還活著，他們對此會說些什麼？他們會如何自處？

也許，他們還是會教我們做個「聖賢」。

就像王陽明在面對他已經感知到的那個晚明商業社會時所說的，天下的人心，本就同聖人沒有什麼區別，只是各自夾雜了一己私念，被眼前的物欲蒙蔽，才使人陷溺在自己的私心私欲中無法自拔，像仇敵一樣彼此互視。[1]

古代中國哲學，對「人是什麼」，有不一樣的見解。人，作為一種依賴性動物，曾生活於一個黏糊糊的人倫世界。他曾作為父母兄妹存在，作為社會角色存在，在這些關係性而非原子式的存在方式中，獲得他的義務，付出他的辛勞，施予他的犧牲。這是古代中國哲學對人性生活的根本看法。

從父子人倫這種每個人都能體會到的最原初、最日常的感受出發，把普天之下的每一個生靈，都當作自己的父母兄弟和姐妹，站在至公無私的天理上，用一顆至誠的仁心去對待他們，這是古代中國的往聖先哲留給後人最重要的思想遺產，也是未來中國文明超克現代資本主義文明的關鍵所在。十個世紀前，張載將這番道理概括成了四個字：「民胞物與」。

陽明說，只要發乎「良知」，人人都能成堯舜。這毫不誇張。體會我們的日常，那些為父母為子女付出的點滴犧牲，那些為他人幸福而湧動的胸中熱忱，不正是每一個平凡人自己的「堯舜時刻」嗎？在這些光彩奪目的瞬間，一顆顆超拔於渺小自我的光明「公心」點亮世間，也賦予了人性生活更加豐富、充滿質感的內容。這是一座座「無盡燈」，屬於每一個世代的中國人。

因此，對於我們每一個人來說，不妨就讓這「堯舜時刻」更多一點，更久一點。

註釋

1《傳習錄．中》：「天下人之心，其始亦非有異於聖人也，特其間於有我之私，隔於物欲之蔽，大者以小，通者以塞，人各有心，至有視其父子兄弟如仇讎者。」

後記

文物，並不是僵死的「東西」。它們是一群曾經活過的人的思想、信仰和意圖的表達，像琥珀一樣，凝固了我們祖先眼中的宇宙、世界、他人和自己。中國文明和文化的DNA，就藏在這些琥珀裡面。

在所有形式的思想、信仰和意圖中，哲學是最精緻的一顆明珠。哲學不僅是一種思想，更是一種思想能力，它來之不易。為了能夠以哲學方式沉思，我們的祖先首先要使文字表意的方式變得精巧，使心靈反思的能力變得透徹。從擁有人性（humanity），到掌握這種思想能力，需要數千年的積累。

當第一位哲學家站在歷史舞臺上，人性也就躍升到前所未有的高度。從此，他們能提出最深奧、最根本的那些問題：人是什麼？他們在宇宙中佔據什麼樣的位置？此生的幸福如何獲得？死後的歸宿又在何處？

得益於精巧的漢字，我們的祖先以不同於西方文明先賢的方式，獲得了屬於自己的複雜思辨力。他們中最傑出的心靈，圍繞這些最深奧的問題，產生出各種各樣有關人性、宇宙、此生、來世的思考。

他們將自己的思考，視作對「道」的探尋。

道，不僅是試圖講給子孫聽的條理井然的道理，也是他們希望子孫未來堅守的路。

他們是一群「求道者」。

求道者的道理，千姿百態，而求道之路，更是曲折漫長。求道者的故事，是一部哲學的歷史，但這並不意味著眼下的這本書，只是又一部「哲學史」。

思想世界的運動，時時刻刻都鑲嵌在生活世界的運動之中。有關人性奧祕的思考，在古代中國的不同生活世界語境中，不斷被提出、被發揚、被忽視、被遮蔽、被遺忘、被再次活化。

偉大的求道者們，正是在對生活世界秩序變動的感受中，不斷回應著思想和觀念所承受的壓力，從而實現古代中國思想世界的一次次突破。

在這個過程中，任何一種哲學思想的「登場」和「退場」，始終受到生活世界語境的調配。在經典與經典之間，在觀念和觀念之間，橫亙著充滿質感、變動不居的生活世界。經典和觀念，正是在生活世界的語境中受到反覆檢視、反覆詮釋。比起傳統哲學史敘事所宣導的那種從概念到概念、從命題到命題的線性解釋模式，語境化敘事或許更符合哲學思想歷史變動的實際狀況。

所以，老莊思想雖形成於先秦，但只能等到文化精英進入生死難測命運反覆無常的魏晉時期，才能步入思想世界舞臺的中央；子思孟子的「心性」學說，必須等到佛道思想在中國文明中引發文化危機後，才會受到空前關注；「三夷教」的末世論哲學，無論以什麼樣的方式傳播，都無法在中華世界成為哲學思想市場的主流；精英主義的朱子理學，則註定會在一個商業化、平民化的社會世界被簡易直接的「心學」取代。

正如生活世界是一幕幕光彩奪目的人間戲劇，古代中國思想世界中的求道者故事，何嘗不也是一幕幕人間戲劇？只是這戲劇更純粹、更知性。

我希望寫出一場古代中國思想世界的大戲，嚴謹卻不嚴肅，使中國文明先哲往聖的追求和成就，能夠透過最樸素的現代漢語，被他們的子孫理解。

我希望每一位困溺在現代分工制中、為了日常生活的幸福而不懈努力的人，在實屬難得的閒暇中，能有機會感受到古代中國哲學精巧思想背後的精神生活魅力。

我希望他們如同在劇院欣賞一場典雅的戲那樣，將現代文明偉大的發明之一——公共博物館——當作聚光的舞臺，在目光與文物的接觸中，感受器物身上隱隱閃爍著的求道故事，觸摸那一個個如今已經褪色、但卻曾經喧囂過的思想世界。

因此，在這本書裡，我安排了十八幕古代中國哲學的戲劇。每一幕背後，都站著一群苦惱的先哲往聖，面對著他們的時代最重要的精神難題。

舞臺上的聚光燈，在不同的時期焦點有所不同。兩漢時的求道者，更關注宇宙的樣式，以及如何對應地在地上建起一個超大帝國。魏晉隋唐時，他們更關注抽象的本體論問題，以及如何使心靈懸擱在形而上的地方，逃脫變幻難測的塵世煎熬。宋元明代，焦點又轉向心靈本身，他們苦惱於如何活出具有中國文明自身特色的心靈生活方式。

儘管聚光燈在舞臺中央游移，但這十八幕大戲始終連在一起。「宇宙論—本體論—心性論」，構成了這齣大戲的三層結構。貫穿之中的根本線索就是對人性奧祕的困惑、思考和探尋。

在這齣戲的開篇，我們的祖先被各種幻覺和奇想支配，心中有對上天的恐懼，也有對凡世的希望；有對此生幸福的眷念，也有對來世生活的憧憬。

在這齣戲的結尾，無名的恐懼已經從他們的心裡消失，他們下定決心，就在凡世和此生中展開自己的生活，活出中國人無與倫比的人性。

在這長達三十多個世紀的理智化過程中，我們的每一代祖先，從沒有忘記過「天」。只是，他們心目中的「天」，從想象中神靈居住的寓所，逐漸變成一個象徵性的地理方位，最終又被用來僅僅表示某種相對於現實人性而言「更高的東西」。「天」最終被他們安頓在了人自己的心裡。「天人合一」，以不斷變更內涵為代價，成為古代中國哲學一以貫之的內在精神。

在大寫的「天」中，成就個體之「人」充滿人性的一生。這也許就是這些偉大的求道者，所希望傳遞後世的最後道理。這齣上演在文物中的人性和歷史的戲劇，也正因為這個樸素而高尚的道理，變得光彩奪目。

精神的戲劇可以熱鬧非凡，求道的路並不總是孤單。從構思到落筆，我的太太始終是第一聽眾、第一讀者。她提出了許多品位不凡的建議，和我一起在古聖先賢的言辭與事蹟中淨化靈魂。那些讀者或許感到有所觸動的段落，首先就曾感動過她。凌皞和萬東兩位好朋友，多年來始終相信我的學術判斷力，無條件地支持我的每一個選擇和決定。他們也是書稿最早的讀者。

三聯是我人文知識的最初源泉，一直滋養著我的學術成長。當我還是一名高中理科生時，就已經是三聯的忠實讀者。所以，王競老師惠允責編，使我感到了巨大的幸運和責任。希望這本書不負她的信任與厚愛，能為從今而後遇到的每一位有緣人，點亮某盞心燈。

薛宇老師是一位你無法期待更多的美編。我們神會於這本書裝幀設計的每一個藝術細節中。他將這本書打造成了我能想像得到的最好樣子。《信睿週報》總編輯吳洋女史、中信美術館館長曾孜榮先生、南京六朝博物館館長胡阿祥先生、湖南博物院李麗輝女史、新亞人文書院主理人譚瑞崗先生以及我的學生令狐倚雪，他們不辭辛勞，為書中的文物找到了合適的高清圖片。

在這本書裡，我將一顆誠心奉獻給了讀者。但這本書首先也是為我自己寫的。孟子曾有「四十

不動心」的自評。我還不能完全做到。然而，在不惑之年前後寫作這樣一本書，很大程度上也是一段自我教育、自我淨化、自我超拔的難忘心靈之旅。近兩年的寫作時光中，「我手寫我心」的從容和喜樂，實在難以言傳。

再過些日子，我的女兒就要上小學了。在她進入幼稚園、步入人生社會化第一階段的最初日子裡，我曾感到憂心忡忡。我擔心她在充滿機巧和爭心的世界中迷失自己，擔心她在未來都市生活的名利場上捕風捉影。我急著想告訴她，怎樣的人生才值得一過，怎樣的信念才值得堅守，怎樣的人才值得我們付出一生去愛。

三年來，無言的愛教會了我許多。在與女兒的日常相伴中，我感受著人性的質樸和天真。這份質樸和天真，並非無知和簡單，而是一顆赤子之心。數十個世紀以來，古老的中國文明正是在無數有著赤子之心的人手中，被延續、被托舉、被抬升。每一位求道的思想英雄，正是憑靠對這份赤子之心的堅守，才在命運的洪流中不致迷失。

這本書裡，有我作為一個父親所珍視的一切。所以，我把這本書題獻給我的女兒，作為她升入小學的禮物。希望這本書能點亮她前行的道路，成為她構築精神世界的一塊基石。也希望在許多年後，求道者的故事仍然能夠讓她感動。因為那份感動背後，一定藏著一顆不曾磨滅的赤子之心。

我願我的女兒，也願中國文明的繼承者們，能一直走向上的路。願他們如橫渠先生所說，「為天地立心，為生民立命，為往聖繼絕學，為萬世開太平」！

希望就在現在，希望就在未來。

二〇二二年九月一日於廣州

16世紀前的中國哲學脈絡圖

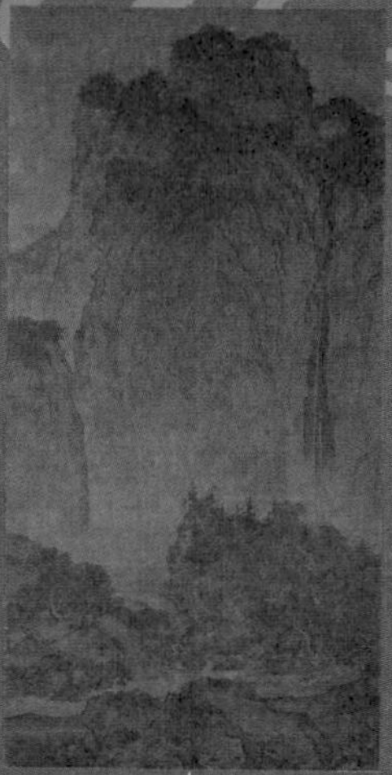

王弼 郭象

山林
3世紀

天台宗

祆教
摩尼教
景教

禪道
7世紀

華嚴宗
禪宗
成玄英

絲路
8-9世紀

士大夫階層
韓愈 李翱
10世紀

范仲淹
周敦頤
張載
程顥
蘇軾
邵雍
司馬光
王安石
程頤
楊時

天理
11-12世紀

朱熹
陸九淵

聖賢
13世紀

「程朱理學」北上（漸定為元明清官學）
陳獻章 湛若水 王陽明

信心
16世紀

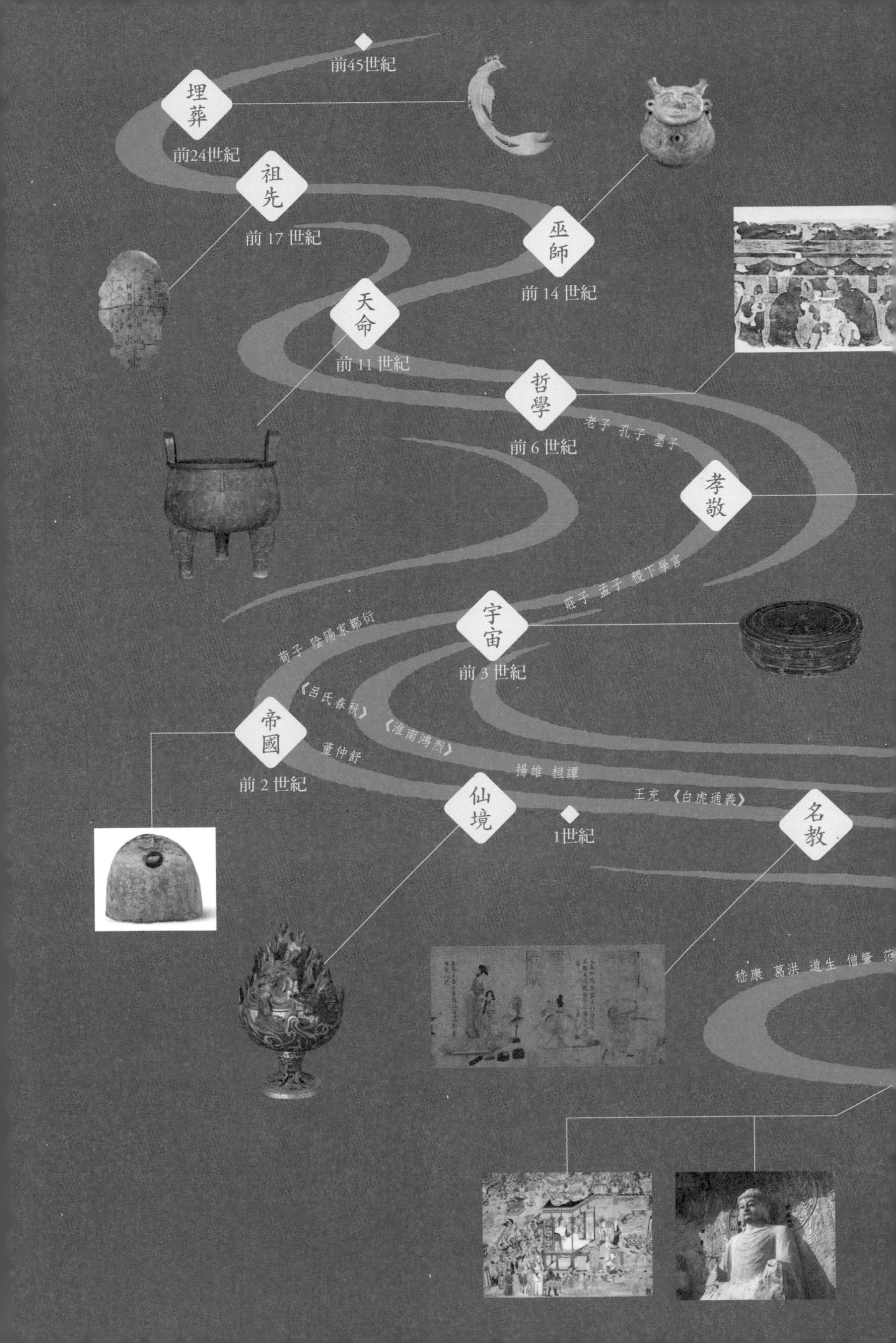
前45世紀
埋葬
前24世紀
祖先
前17世紀
巫師
前14世紀
天命
前11世紀
哲學
前6世紀
老子 孔子 墨子
孝敬
莊子 孟子 稷下學宮
宇宙
前3世紀
荀子 陰陽家鄒衍
《呂氏春秋》
《淮南鴻烈》
帝國
前2世紀
董仲舒
揚雄 桓譚
王充 《白虎通義》
仙境
1世紀
名教
嵇康 葛洪 道生 僧肇

觀念的形狀

72 件文物，看得見的中國哲學

作　　者　張曦
美術設計　敘事物所
內頁排版　高巧怡
行銷企劃　蕭浩仰、江紫涓
行銷統籌　駱漢琦
業務發行　邱紹溢
營運顧問　郭其彬
責任編輯　吳佳珍
總 編 輯　李亞南
出　　版　漫遊者文化事業股份有限公司
地　　址　台北市大同區重慶北路二段88號2樓之6
電　　話　(02) 2715-2022
傳　　真　(02) 2715-2021
服務信箱　service@azothbooks.com
網路書店　www.azothbooks.com
臉　　書　www.facebook.com/azothbooks.read
營運統籌　大雁出版基地
地　　址　新北市新店區北新路三段207之3號5樓
電　　話　(02) 8913-1005
傳　　真　(02) 8913-1056
劃撥帳號　50022001
戶　　名　漫遊者文化事業股份有限公司
初版一刷　2024年03月
定　　價　台幣490元
I S B N　978-986-489-906-7

國家圖書館出版品預行編目 (CIP) 資料

觀念的形狀 : 72 件文物，看得見的中國哲學／張曦作. ─ 初版 .─台北市：漫遊者文化事業股份有限公司 : 大雁出版基地發行, 2024.03
240 面 ; 16 × 23 公分
ISBN 978-986-489-906-7(平裝)

1.CST: 中國哲學 2.CST: 文物研究
120　　113001406

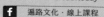